존 넬슨 다비의
교회의 황폐화란 무엇인가

The Public Ruin of the Church

존 넬슨 다비의
교회의 황폐화란 무엇인가

존 넬슨 다비 지음 | 이 종 수 옮김

 형제들의 집

차례

제 1장 교회의 황폐화란 무엇인가 ·····························07
제 2장 교회의 폐허상태에서 그리스도인은
　　　 어떻게 해야 하는가·······························54
제 3장 그리스도의 교회의 본질과
　　　 하나됨을 향한 열망·······························117
제 4장 하나의 몸이 교회로 모이는
　　　 교회의 유일한 입장인가····························150

"너로 하여금 하나님의 집에서
어떻게 행하여야 할지를 알게 하려 함이니
이 집은 살아계신 하나님의 교회요
진리의 기둥과 터이니라."(딤전 3:15)

"주께서 자기 백성을 아신다 하며 또 주의 이름을 부르는 자마다 불의에서 떠날지어다 하였느니라."(딤후 2:19)

* 일러두기 : 본 서는 〈영광스러운 교회의 길〉이란 책의 요약본입니다.

교회의 황폐화란 무엇인가
The Public Ruin of the Church

딤전 3:15, 16, 딤후 2:19-22을 읽으시오.

질문 1. 교회란 무엇이며, 어떤 의미에서 현재 황폐화되었다는 것인가?

사랑하는 형제들이여, 우리가 이제 다루고자 하는 주제는 매우 중요하기에 주님께서 이 시간 우리 모두에게 은혜를 베풀어 주시길 바란다. 우리가 알아채든 그렇지 않든 주님은 항상 우리에게 은혜를 베푸시며, 자기 백성들 가운데서 역사하는 능력을 나타내신다. 나는 형제들이 시련과 어려움을 겪고 있다는 것을 모르는 바는 아니지만, 동시에 주님의 손이 함께 하고 있음을 알고 있기에, 이 사실에 무한한 격려를 느낀다. 이는 주님이 어떤 식으로든 돌보실 때에는, 주님을 신뢰하는 영혼은 확실히 복을 누릴 것이기 때문이다. 게다가 주님은 우리를 흔들고 또 겸손하도록 누르시긴 하지만, 항상 우리의 선을 위해서 일하신다. 나는 몇몇 성도들이 이전 자리보다 더욱 존귀한 자리에 오르는 것을 보았다. 누군가 이 점에 대해서 묻는다면 나는 그렇다고 대답할 것이다. 이 점에서 나는 긍정적인 복을 보고 있다. 육신이 있지만 여전히 복이 있다. 이 사실은 하나님을 신뢰하는 법을 배운 사람에겐 위로가 될 것이다. 확실히 실패가 있고, 그것도 엄청난 실패가 있다. 하지만 우리의 실패조차도 하나님이 (여전히 배후에서) 일하신다는 사실을 보지 못하게 하지는 않는다. 세상이 몰래 우리 가운데 들어왔다는 것은 사실이다. 나는 그것을 인정한다. 하지만 나는 그 사실에 낙심하기 보다는 하나님이 일하시기 시작한다면 거기엔 반드시 복이 임할 것이란 사실에 주목하고 싶다.

많은 형제들이 "교회의 황폐화"라는 표현에 난감해한

다. 나는 이 말에 대한 상당한 이해가 생겼지만, 혹 교회가 실패할 수 있을까에 대한 그들의 의구심이 일어나는 것에 대해서 불평할 생각은 없다. 사실 그들은 교회가 황폐화되는 일은 절대적으로 불가능하다는 입장을 고수하고 있기 때문이다. 그들은 하나님의 목적과 사람의 책임 아래 놓여 있는 현재 세대에 대해서 혼동을 일으키고 있다.

교회의 황폐화에 대해 말하기에 앞서, 우리는 지상에서 하나됨을 이루면서 그리스도의 영광을 나타내도록 세워진 교회의 특징을 살펴보고, 또 우리가 들어간 자리가 책임의 자리인 것과 항상 그 책임의 자리에 머물러 있어야 하는 것에 대해서 살펴보고자 한다. 만일 교회가 영적으로 실패할 수 있다면, 그것은 실로 참담한 일이 될 것이다! 황폐화된 교회에 대해서 생각해볼 것이 두 가지가 있다. 어떤 형제들의 마음 속에 있는 생각은 우리가 이런 개념을 소개함으로써 하나님의 목적을 방해하려고 한다는 것인데, 하나님의 목적을 방해하는 일은 결코 있을 수 없다. 황폐화 상태에 있는 교회의 개념을 받아들인다면 혹시라도 교회를 세우신 하나님의 목적에 무슨 나쁜 영향을 끼칠지도 모른다는 경계심이 있는데, 나는 이런 우려를 존중하긴 하지만, 그렇다고 해서 이것을 철회할 생각은 없다. 하나님의 최종적인 목적과 연결된 교회는 황폐화될 수 없지만, 실제적인 현재 상태와 지상에서 하나님을 위한 간증과 연결된 교회는 현재 황폐화 상태에 있다.

이에 대한 다른 사람의 생각을 소개하자면 이렇다. "글쎄요. 현재 교회가 황폐화 상태에 있다면 그렇겠지요. 우리는 그 상태에 있고, 그 상태에 머물러 있을 수밖에 없겠지요. 그래도 우리는 최종적으로 구원을 받았습니다. 그렇다면 그게 무슨 상관이죠. 우리는 교회의 현재 상태에 대해서 생각할 필요도 없고, 장차 올 진노로부터 구원받았다는 확신을 가진 것으로 충분히 만족합니다." 이처럼 무기력하고 손을 늘어뜨리게 하는 말, 곧 모든 영적 에너지를 고갈시키는 말투는 교회가 하나님의 목전에서 무엇인지에 대한 바른 이해의 결핍에서 나오는 것이다. 실제적으로 많은 성도들은 자신들이 폐허 상태에 있는 것을 알고도 거기에 남아있어야 한다고 생각한다. 그러한 생각을 하는 것은 매우 위험하다. 왜냐하면 그것은 하나님의 능력을 부정하는 것이 되기 때문이다. 불신의 마음이 가득한 사람들은 교회 황폐화란 생각이 오히려 우리를 낙심시킨다고 말한다. 하지만 나는 그 때문에 낙심에 빠진다고 보지는 않는다. 왜냐하면 나는 주님의 은혜와 능력이 교회의 필요를 충족시키기에 충분하며, 언제나 변함없이 그러하다고 믿기 때문이다.

"교회의 황폐화"란 표현이, 교회에 복을 주시는 성령의 역사에 대한 것임에도 영혼을 낙심시킨다는 것은 매우 슬픈 일이 아닐 수 없다. 내가 언급해온 내용들은 충분히 입증할 수 있다. 왜냐하면 교회에 대한 하나님의 목적을 전도시킬 정도로 교회가 전적으로 황폐화되는 일은 가능하지 않을뿐더러, 실제적으로 황폐화가 일어난 곳일지라도 주님의 능력을 무력화시키는 일은 불가능하기 때문이다. 그럼에도 *하나님의 역사는 교회의 상태와 별도로 작용하는 것이 아니라, 교회가 처한 상태에 비례해서 작용하는 법이다.*

우리는 다 연약함을 가지고 있고, 거기로부터 영향을 받는다. 심지어 진리를 가지고 있다고 말하는 곳에서 조차도, 많고 적음의 차이만 있을 뿐 연약은 다 있기 마련이다. 사람은 슬픈 상태에 처해 있으며, 그 상태를 치유하는 그리스도의 능력을 체험하지 못한다면 낙심 상태에서 벗어날 도리가 없다. 물론 하나님의 목적은 실패하지 않을 것이다. 그러므로 교회가 하나님의 목적 가운데 서 있는 한, 교회가 실패할 수 있다는 것은 사실일 수 없다. 따라서 우리에게 필요한 것은 교회가 구원받을 것이란 추상적인 개념이 아니라, 현재 상황을 극복하게 해줄 수 있는 *하나님의 자원들을 어떻게 끌어올 수 있는가에 대한 매우 실제적이고 현실적인 믿음*인 것이다.

만일 그리스도인이 나쁜 상태에 있다면, 나는 그저 그 상태를 무시하고 그리스도를 바라보는 일은 하지 않을 것이다. 왜냐하면 그렇게 한다 해도 나는 여전히 고통스러운 상태에 있을 것이기 때문이다. 하지만 만일 나에게 바른 믿음과 확신이 있다면, 나의 영혼은 안식을 누릴 수 있다. 왜냐하면 나는 주님이 그 능력으로 일하실 것이며 또한 모든 것을 바로잡으실 것을 알기 때문이다. 실패를 보기 때문에 낙심에 빠지는 것은 주님이 교회를 돌보신다는 믿음이 없는 것이며, 이런 상태는 매우 위험한 상태에 빠진 것이다. 그럼에도 나는 주님이 교회의 현재 상태에 따라서 복을 가져오실 것이라고 말하고 싶다. 하지만 그저 막연히 우리가 믿음의 길에서 복을 구하기만 한다면, 교회는 확실히 하나님의 은혜의 목적을 따라서 전진해갈 것이라고 말해서는 안된다. 그런 말은 사람들의 무관심을 방조하는 것일 뿐이다. *오히려 우리는 그리스도를 영화롭게 하는 복이 교회에 임하도록 하나님의 힘새적인 능력을 갈구해야 한다. 하나님은 항상 교회의 상태에 관심을 가지고 계신다.*

따라서 만일 우리가 교회의 신령한 복을 간절히 열망한다면, 오늘날 엄청난 영적인 하락과 실패의 시대에서도 그 복을 얼마든지 누릴 수 있다. 왜냐하면 하나님은 진정 자신의 교회가 영광스럽게 되길 바라시며, 또한 살아있는 믿음 또는 생생한 믿음을 가진 사람은 그 필요를 볼 뿐만 아니라 그 필요에 대한 주님의 생각과 마음까지

보고 또 주님의 현재적인 사랑을 의지하기 때문이다. 그리스도의 영을 소유한 자로서 나는 그리스도인이 그리스도 안에서 안전하다는 생각만으로는 만족할 수 없을뿐더러, 그저 영혼의 쉼을 누릴 순 없다고 본다.

물론 교회는 구원받을 것이며, 교회에 속한 모든 지체들도 마찬가지다. 하지만, 만일 진정으로 나 자신이 그리스도의 마음을 가지고 있다면, 성령의 능력으로 인해서 성도 개인에게서 그리스도와의 생생한 관계가 나타나고 있는 것을 보지 못한다면 나는 만족할 수가 없을 것이다. 이것은 하나님의 교회도 마찬가지이다. 만일 나의 믿음이 작동하고 있고, 성도 개인이건 교회이건 간에, 그리스도와의 관계가 현재적인 것으로 나타나고 있는 것을 볼 수 없다면, 나의 영혼은 결코 만족한 상태에 있을 수가 없다. 만일 성도 개인에게서 그리스도와의 관계가 주는 복을 누리고 있지 못한 것을 보게 된다면 나는 결코 행복할 수 없을 것이다. 이것은 교회도 마찬가지이다.

나는 이처럼 말세에 주님이 순전한 믿음을 가지고 행

하는 성도들을 일으키시고 각성시키심으로써, 성경에서 말하는 진정한 하나님의 교회가 무엇인지를 진지하게 성찰하는 일을 하게 하실 것으로 믿고 있다. 그러므로 사탄이 주의 재림의 진리와 및 재림과 교회와의 관계에 대한 진리를 훼손시키고자 애쓸 것이란 사실에 놀라지 않는다. 이 뿐 아니라, 많은 사람들이 교회가 가진 복이 무엇인지 알지 못한 채 교회의 자리에 들어올 것이며, 따라서 그 결과는 연약함으로 나타날 것이다. 그렇게 세상에 속한 것들이 교회 안으로 들어올 때, 사람들은 깜짝 놀라게 될 것이고, 낙심하게 될 것이다. 그들은 복 가운데서 교제를 나누지만, 정작 복을 가져다주는 원리와 은혜는 알지 못한 채 지내게 될 것이며, 그 결과로 복은 바닥날 것이고, 안정감도 없고, 불확실성 속으로 더욱 빠져들 것이다. 이 때 사탄이 우리 영혼을 침노할 것이며, 우리 믿음의 경박스러움만 나타날 것이다.

이 모든 것을 내다보면서도 나는 주님을 찬송하지 않을 수 없는 것은, 그럼에도 주님은 여전히 각 처에서 많은 성도들의 영혼을 각성시키는 일을 하시며, 성경에서 말하는 "하나님의 교회가 무엇인가?"에 대한 진지한 영적 갈망을 일으키고 계시는 것을 알기 때문이다. 안타까운 일이지만, 많은 사랑스러운 성도들조차도 교회가 무엇인지에 대한 명확한 개념이 없다는 점이다. 물론 그들도 구원받고 또 영광에 들어갈 사람들임에는 틀림이 없다. 이것이 사실이긴 해도, 교회가 그리스도를 향해 서있는 관계를 바로 이해하는 일은 그리스도에 대한 교회의 모든 사역과 활동의 기초가 되기에 중요한 일이다.

만일 주님이 이제라도 성도들로 하여금 주 예수 그리스도의 재림과 교회와의 관계를 제대로 바라보도록 하신다면, 우리가 하나님을 위하여 참되고 신실한 증거를 감당하지 아니할 수 없을 것이다. 여기에 한 가지를 첨언하자면 이렇다. 즉 어떤 특정 시간에 하나님이 주시는 특별한 증거와 조화를 이루지 못하는 진리는 사탄에 의해서 방해를 받아 수용하기가 힘들게 된다. 즉 이 말은 사탄은 하나님이 자기 성도들을 위해서 새롭게 제시하신 증거를 받아들이는 것을 방해하기 위해서 과거의 증거를 사용하려 든다는 것이다. 예를 들어서, 삼위일체는 우리 모두가 붙들고 있는 진리이지만, 기독교를 전복시키고자 유대인들이 그 진리를 사용했다. 그들은 "여호와 우리 하나님은 한 분이신 여호와이시다"라고 말했고, 사실 그들에겐 아버지와 아들에 대한 개념은 없었다. 따라서 그들은 그 당시 하나님이 계시하셨던 특별한 증거, 즉 아버지와 아들에 대한 계시를 전복시키고자 했다.

만일 하나님이 성도들을 증거의 자리에 세우고자 진리를 제시하신다면, 사탄은 바로 그 진리에 대해서 바른 생각을 하지 못하도록 훼방할 뿐만 아니라 그 진리에 대해서 성경대로 생각하지 못하도록 혼미케 하는 일을 시작할 것이다. 그렇다면 그들은 그 진리에 대한 증거를 잘 감당할 수가 없게 될 것이다. 만일 사탄이 성도들의 마음을 산란하게 하는 일에 성공한다면, 성도들은 그 진리를 피곤한 것으로 치부해버리고, 과거 진리로 돌아가게 된다. 그렇다면 사탄은 그들의 마음을 혼미케 한 일로 인해서 큰 이득을 보게 된다. 이러한 영적 실제를 아는 일은 매우 중요하다. 그럼에도 주님은 사탄의 손을 사용하신다. 물론 그처럼 시대적인 진리를 놓아버리는 롯과 같은 사람들이 있을 것이지만, 그럼에도 더욱 견고한 진리의 터 위에 서서 신실한 영혼들을 일으키는 일에 주님께 쓰임을 받는 영혼들도 있을 거라고 나는 믿는다. 주님의 재림과 교회 안에서 거하시는 성령의 임재에 대한 진리 등은 많은 사람들에게 숨겨진 진리이긴 하지만, 단순함 가운데 행하는 영혼들은 이러한 사탄의 노력에도 불구하고, 이러한 진리를 더욱 선명하게 보고, 더욱 굳건하게 붙잡게 될 것이다.

영혼의 구원은 주 예수 그리스도의 피와 사역을 통해서 되는 것이지만, 지금은 그리스도의 사역과 성령의 거듭나게 하는 역사라는 위대한 진리를 다루진 않겠다. 마찬가지로 구약성도들도 그리스도의 피로 구원받고, 부활의 때에 주님과 함께 영광 가운데 있을 것이란 사실도 다루지 않을 것이다. 이 모든 내용들은 이미 잘 알고 있는 진리라고 생각하기 때문에, 다른 핵심적인 내용들을 다룰 것이다. 우선적으로 다룰 것은, 과연 하나님은 하나님의 교회에 대해서 무슨 진리를 우리에게 가르치고 계신가?에 대한 것이다.

건전한 믿음을 가진 매우 보배로운 성도들이 많이 있다. 그럼에도 그들 가운데에는 하나님의 말씀 가운데 계시된 하나님의 교회가 무엇인지에 대한 진리를 받아들일 준비가 되어 있지 않은 사람들도 상당수 있다. 만일 모든 시대 구원받은 성도들이 최종적으로 영광스러운 하나님의 백성들이 되고, 그리스도로 말미암아 소위 구속과 생명에 동참함으로써 하나님의 가족으로서 둘째 아담에 속하고, 그래서 그들 모두를 하나님의 총회로 부른다면, 나는 거기에 아무런 이의를 제기하지 않을 것이다. 첫째 아담에 속한 사람들이 죄 가운데서 아담을 둘러싸고 있었던 것처럼, 둘째 아담에 속한 사람들이 영광 가운데 그리스도를 둘러싸고 있을 거란 사실에 조금도 의심이 없다.

하지만 성경은 우리의 자리, 우리의 특권과 책임에 대한 또 다른 진리를 소개하고 있다. 이스라엘 백성에게도 그것은 동일하다. 이스라엘이 하나의 백성이 되기 전에도 구원의 역사는 있었다. 사실 이스라엘 백성들이 역사에 등장하기 이전에, 아브라함이 구원받았음을 생각해보라. 그럼에도 이스라엘에 대한 별개의 계시가 있었고, 그 사실에 기초한 별도의 관계가 있었다. 만일 이러한 계시를 무시하는 사람이 있다면, 그러한 사람은 계시에 충성스러울 수 없을뿐더러 계시에 따르는 복을 잃어버릴 것이다. 아브라함과 마찬가지로 다윗도 구원받았다. 하지만 다윗이 감당해야 했던 지상에서 하나님에 대한 관계와 책임은 아브라함과는 달랐다. 왜냐하면 다윗은 아브라함에게는 적용되지 않았던 요구들과 및 별도의 위치에 속한 한 백성의 일원이었기 때문이다. 만일 사무엘과 다른 사람들이 이것을 무시했다면, 그들은 하나님께 신실치 못한 사람들이 되었을 것이다. 왜냐하면 하나님이 그들을 하나의 민족으로서 세우신 토대는 하나님을 향해서 그들이 감당해야 하는 특별한 책임의 척도였기 때문이다. 하나님의 말씀에서 나는, 살아계신 하나님의 교회는 하나님의 영을 통해서 절대적이면서도 독특한 증거를 감당하도록 부르심을 받은 "하나의 몸(One Body)"인 것을 보았다. 교회는 그처럼 하나님과 특별한 관계 속에 세워졌다. 이제 주님이 나에게 힘을 주시길 바라며, 이제부터 교회가 무엇인지 독자들에게 제시하고자 한다.

살아계신 하나님의 교회는 지상에 있는 성도들과 하늘에 계신 머리이신 그리스도께서 연합을 이룬 하나의 몸으로서, 성도들을 하나님 우편에 계신 그리스도와 연합을 이루도록 성령께서 하늘로서 강림하셨다. 교회는 단순히 구원받은 사람들의 무리가 아니라, 예수님께서 하나님 우편에까지 높임을 받으신 결과로, 하늘로서 강림하신 성령님에 의해서 머리되신 그리스도와 연합을 이룬 하나의 몸인 것이다.

흔히 구약시대부터 신약시대의 모든 성도들을 교회로 부르는 것을 당연지사로 여기는 사람들이 있어왔고, 거기에 익숙한 선량한 성도들은 혹 이러한 교회에 대한 정의가 그것을 변경시키는 것은 아닐까 하는 두려운 마음을 느끼는 것 또한 사실이다. 나는 (하나님께서 아담으로부터 시작해서 얼마든지 부르시는 모든 사람들을 구원하실 뿐더러 하나님의 선택하시는 사랑을 충분히 의식하고 있는) 영혼들의 영혼의 격동을 크게 존중하며, 혹 이러한 차이점이 하나님의 선택하시는 사랑을 따라서 피로 말미암아 우리를 구원하시는 구원의 근본 원리에 영향을 주는 것은 아닐까 염려스러운 마음을 가지는 것에 대해서도 통감한다. 하지만 하나님이 나로 들어가도록 하신 (몸으로서의) 그 지위(the position)를 바로 이해할 뿐만 아니라 하나님이 성경에서 명명하신 그 이름대로 부르는 것이야말로 나의 특권이자 나의 의무인 것이다.

주님은 베드로에게 "내가 이 반석 위에 내 교회를 세우리니"(마 16:18)라고 말씀하셨다. 주님은 결코 아담의 때로부터 교회를 세우는 일을 하신 것이 아니었다. 그래서 주님은 미래형으로 "내가 세우리라(I will build)"고 말씀하신 것이다. 사람들이 이에 대해 뭐라 말하는지 아는가? 그들은 가시적인 교회와 비가시적인 교회에 대해서 말하고 싶어 한다. 하지만 이런 개념은 사탄의 거짓말일 뿐이다. 소위 가시적인 교회는 사실상 세상일 뿐 그리스도를 위한 증거를 전혀 내놓지 못한다. 만일 내가 교회를 비가시적인 몸으로 말한다면, 교회에 속한 특별한 증거는 모두 사라진다.

이스라엘에 대해서 생각해보자. 이스라엘은 어떤 가

시적인 형태를 띠었는가? 하나의 국가 형태였다. 그 당시 하나님의 통일성은 하나의 국가의 통일성 형태를 띠고 나타났고, 100명 가운데 99명은 회심한 일이 없는 사람들이었다. 참으로 회심한 성도들은 겉으로 드러나지 않았고, 그들은 백성들 가운데 감춰진 보배와 같았다. 그리스도께서 오셨을 때, 여선지자 안나는 예루살렘의 속량(구속)을 바라는 모든 사람에게 그리스도에 대하여 말했다(눅 2:36-38). 이스라엘 가운데 있는 신자들의 이러한 상태와 종종 혼동을 일으키긴 하지만, 그럼에도 하나님의 교회는 전혀 다른 것이다.

이제 성도들은, 예수님이 높이 되신 결과로 하늘로서 오신 성령님을 통해서 부활하신 그리스도와 한 몸으로 연합을 이루고 있다. 그리스도와 우리의 관계, 우리의 정서, 그리고 우리의 의무는 이 진리에 기반하고 있다. 만일 이 진리를 이해하지 못했다면, 성도들의 행실과 양심은 크게 약화될 수밖에 없다. 주님이 베드로에게 "내 교회를 세우리니"라고 말씀하셨을 때, 물론, 그 일은 아직 시작된 일이 아니었다. 교회의 기초석(터)은 그리스도였다.

 우리는 에베소서가 이 진리를 소개하는 방식을 알아야 한다. 사실 에베소서는 하나님이 그리스도를, 그분의 죽으심과 겸손의 결과로 하늘에서 모든 정사와 권세 위에 높이 올리신 진리에 터 잡고 있다. 구속의 역사는 그리스도에게, 물론 이미 아들이란 이름을 가지고 계셨지만, 그 이름을 주었다. 교회는 하늘에서 그리스도와 연합을 이룬 자리에 들어가 있다. 에베소서 1장과 2장을 보라. 그리스도께서 오시기 전, 그들은 의(義)를 기다리고 있었고, 하나님은 오래 참고 계셨다. 하지만 이제 우리는 의의 소망을 기다리고 있다. 의를 기다리고 있는 것이 아니라, 의의 소망을 기다리고 있다. 그것도 의에 속한 소망을 기다리고 있는 것이다.

 하나님의 의는 완전히 성취되었고, 의로우신 그리스도께서 영광 중에 앉아 계신다. 하나님은 성령의 능력을 통해서 머리되신 그리스도와 연합을 이룬 하나의 백성을 세우셨다. 우리는 여기서 유대인과 이방인의 차별이 다

사라지는 것을 볼 수 있어야 한다. 그 전에 하나님의 섭리의 근거는 유대인과 이방인을 구분하는 것이었고, 유대인을 자기 백성으로 삼으시는 것이었다. 하지만 이제는 "헬라인이나 유대인이나 할례파나 무 할례파나 야만인이나 스구디아인이나 종이나 자유인이 차별이 있을 수 없[게 되었다.]"(골 3:11)

그 이전에는 어떠했는가? 그 때 그들은 육체로는 이방인이었다. 하지만 지금은 하나가 될 정도로 가까워졌다. 하나님은 "둘로 하나를 만드사 원수 된 것 곧 중간에 막힌 담을"(엡 2:14) 허물어 버리셨다. 하나님은 친히 그들 사이에 담을 세우셨지만, 이제는 한 새 사람(one new man)을 지으시기 위해서 그 담을 허물어 버리셨다. 그럼에도 오순절 이전 많은 유대인이 구원을 받았다. 하지만 그들은 십자가에 달리시고 거기서 원수 된 것을 제거하시고, 또 하늘 높은 곳에 오르신 자기와 그 둘을 한 새 사람이 되게 하신 하나님에 의해 부르심을 받은 이방인들과 한 새 사람을 이루지는 못했다. 이스라엘의 구속을 바랐던 시므온과 안나와 많은 경건한 유대인들이 구원받았고, 오늘날 성도들이 구원받은 것처럼 그들도 구원을 받았다. 하나님은 그들과 무슨 관계를 맺으셨는가? 그들을 유대인으로 남겨두셨다. 베드로가 설교했을 때, 삼천 명의 영혼들이 구원받았다. 하나님은 그들과 무슨 관계를 맺으셨는가? 하나님은 그들을 교회에 더하셨다. 그래서 "성령 안에서 하나님이 거하실 처소가 되기 위하여 예수 안에서 함께 지어져"(엡 2:22) 가게 하셨다. 사람의 손으로 만든 성전은 파괴되도록 하셨고, 유대인과 이방인이 새로운 하나의 성전으로 세워지게 하셨다.

에베소서 3장은 이러한 비밀을 열어주며 우리를 위해서 밖에서가 아니라 "우리 안에서(in us) 역사하시는 능력대로 … 모든 것에 더 넘치도록 능히 하실 이에게"란 구절로 마치고 있다. 에베소서 4장은 교회의 소명에 대해서 교훈을 하고 있다. 만일 우리가 앞에서 말한 원리에서 떠나게 되면 우리를 부르신 부름에 합당하게 행할 수 없게 된다. 하나님은 성도들을 자신의 거처가 되도록 부르셨다. 단순히 성도가 되는 것으로 충분하지 않다. 성도는 자신의 소명이 무엇인지 잘 알아야 하며 또한 평안의

매는 줄로 성령의 하나 되게 하신 것을 지키고자 노력해야 한다.

아브라함도 성도가 되는 것으로 충분하지 않았고, 갈대아 우르를 떠나야 했다. 왜냐하면 그렇게 하는 것이 그의 부르심이었기 때문이었다. 만일 아브라함이 순종하지 않았다면 그는 하나님의 사람으로서 합당한 삶을 살 수 없었을 것이다. 하나님이 아브라함에게 자신과의 언약관계를 유지하게 해주는 표식을 주셨을 때, 만일 그의 후손들이 그것을 지키는 것을 무시했다면 그들은 하나님의 백성에서 끊어지고 또한 지상에서 외적으로 하나님의 백성으로 나타나는 특권에서 끊어졌을 것이다

따라서 만일 우리 또한 소명에 순종하지 않는다면 하나님의 부르심에 반응하지 않는 것이 된다. 물론 교회는 하늘에서 영광스러운 몸을 이룰 것이지만, 교회에 말씀하시는 성령님은 지상에서도 교회가 영광스럽게 되길 바라신다. 성령님은 하늘로서 오셨고, 교회를 하늘에서가 아니라 지상에서 하나님의 처소가 되도록 형성하신다.

에베소서 4장에서 우리는 하늘에서가 아니라 지상에서 그리스도의 몸을 건축하기 위해서 주어진 은사들에 대해서 볼 수 있다. "사랑 안에서 스스로 세워[는]" 역사는 하늘에서 되는 것이 아닐뿐더러, "각 지체의 분량대로 역사하여 그 몸을 자라게 하[는]"(엡 4:16) 것도 지상에서 되는 일이다.

고린도전서 12장에서 나는 동일한 증거를 독특한 방식으로 설명하고 있는 것을 볼 수 있었다. 성령님은 하늘에서가 아니라 지상에서 한 몸으로 세례를 주신다. "그러나 이제 하나님이 그 원하시는 대로 지체를 각각 몸에 두셨으니."(고전 12:18) 이 일은 이전에는 가능하지 않았다. 이스라엘도 어느 면에선 하나의 몸(즉 하나의 공동체)이었고, 광야 가운데 있는 하나님의 회중이었지만, 그들 대부분은 회심하지 않은 사람들이었다. "너희는 그리스도의 몸이요 지체의 각 부분이라."(고전 12:27) 몸은 예수님이 영광을 받으신 이후, 하늘로서 오신 성령님을 통해서 지상에서 형성되었다는 것만큼 (물론 하늘에서 영광을 받게 될 것이란 사실을 포함해서) 분명한 일은 없다. 이것이 바로 교회가 무엇인지에 대해서 신약성경이 가르치고 있는 바이다.

 내가 영광 중에 있는 교회를 보았을 때, 나는 그것을 하나님 안에서 절대적으로 안전할 뿐만 아니라 무흠한 하나의 몸으로 보았다. 거기엔 하나님을 영광스럽게 하는데 아무 문제가 없었고, 왜냐하면 하나님은 우리를 통해서 자신을 영광스럽게 하실 것이기 때문이다. 나는 사람이 책임의 자리에 있을 때마다, 사람은 실패를 하고 하나님은 더 나은 성취를 가져오시는 것을 보았다. 따라서 아담은 실패를 하고, 주 예수님은 둘째 아담으로서 하나님의 영광을 위하여 사람이 져야 하는 모든 책임을 성취하신 분이 되셨다. 이스라엘은 실패했다. 하나님은 그들에게 율법을 주셨고, 그들과 다른 백성들과는 맺지 않으셨던 관계를 설정하셨으며, 그들에게 이에 대한 증거를 하도록 요구하셨다. 왜냐하면 그들이 이에 대한 책임의 자리에 있었기 때문이었다. 하나님의 새로운 언약 아래서, 율법은 그들의 마음에 새겨질 것이며, 그때에야 비로소 그들은 율법을 지킬 것이다. 제사장 제도는 실패했다.

나는 교회에서도 그 동일한 것을 보았다. 새롭게 설립되고, 그 다음 실패하지만, 하나님은 영광 가운데서 모든 것을 그 목적대로 성취하실 것이다. 나는 여기서 중요한 차이점을 볼 수 있었다. 즉 우리는 성령님을 통해서 하나님의 생각들을 이 땅에서 계시하신 대로 행해야 한다는 것이다. 나는 과연 교회에서 무엇을 보았을까? 그리스도의 신부로서의 교회와 자신의 신부를 향한 그리스도의 사랑과 그리스도를 향한 신부의 사랑과 정서는 그 관계를 따라서 흐른다는 것이다.

이제 내가 의도한 교회의 황폐화란 의미는 무엇일까? 간단히 답해보자면 이렇다. 누가 나에게 그리스도의 몸의 하나됨을 보여줄 수 있는가? 라고 묻는다면, 나는 그에 대한 답을 찾을 수 없었다. 하지만 장차 구원받을 성도들은 볼 수 있었다. 나는 하나님의 신실함을 보여주는 여러 징표들을 통해서 하나님의 한결같은 신실함을 볼 수 있었다. "두세 사람이 내 이름으로 모인 곳에는 나도 그들 중에 있느니라."(마 18:20) 여기에 복이 있다. 하지만 지상에 하나의 몸의 형태로 나타나야 하는 교회는 폐허상태에 있다. 이스라엘 백성들에 대해서 로암미, 즉 내 백성이 아니라고 기록되었을 때에도, 여전히 주님은 학개 선지자를 통해서 "너희가 애굽에서 나올 때에 내가 너희와 언약한 말과 나의 영이 계속하여 너희 가운데에 머물러 있나니 너희는 두려워하지 말지어다"(학 2:5)라고 그들을 위로하셨다. 하나님의 능력은 변할 수 없다. 그런고로 "너희는 두려워하지 말라"고 말씀하셨다. 하나님께서 이스라엘에게 "내 백성이 아니다"라고 말씀하셨을 때에도, 하나님은 그들을 포기하신 것이 아니었다. 하나님은 자신의 마음을 변경하지 않으셨다. 결코 그렇지 않다! 그들은 장차 하나님의 백성이 될 것이다. 왜냐하면 하나님께서 로암미라고 말씀하셨을 때, 그들을 완전히 버리신 것은 아니었지만, 지금 그들은 로암미 상태에 있기 때문이다.

포로기 이후 세 명의 선지자들을 통해서 "너희는 두려워하지 말지어다"라는 말씀을 주셨지만, 그럼에도 (비록 그들이 미래에는 자기의 백성이 될 것으로 말씀하셨지만) 주님은 이스라엘을 자신의 백성으로 대하시면서 말쓴하신 적이 없다는 사실을 보고 나는 충격을 받았다. 나에게 슬픔을 주는 것은 단순히 형제들 가운데 악한 자가 가만히 들어왔다는데 있지 않고, 환경을 뛰어넘어 그리스도에게 이르는 단순한 믿음의 부족 때문에 그들 가운데 현저한 하락과 낙심의 특징이 나타나고 있기 때문이다. 교회를 향한 그리스도의 사랑이 약해진 때문일까? 그리스도의 능력이 부족해진 때문일까? 믿음은 항상 그리스도 안에서 한결같은 확신을 갖는다. 나는 슬픔이 무엇인지 알고 있지만, 낙심은 알지 못한다. 만일 당신이 자신의 능력을 의지하고 있다면, 나는 당신이 낙담에 빠지는 것을 보고 놀라지 않을 것이다. "이스라엘을 지키시는 이는 졸지도 아니하시고 주무시지도 아니하신다."(시 121:4) 우리는 겸손해야 한다.

당신이 기꺼이 땅바닥에 엎드릴 정도로 겸손하다면, 결코 낙담하는 일은 없을 것이다. 참으로 겸손한 사람은 낙심하는 법이 없다. 낙심하는 사람은 겸손한 사람이 아니다. 그 이유는 하나님 외에 무언가를, 혹은 누군가를 의지(신뢰)하고 있기 때문이다. 하나님 외에는 의지할 것이 아주 없다. "사람들이 잘 때에 그 원수가 와서 곡식 가운데 가라지를 덧뿌리고 갔더니."(마 13:25) 이런 일 때문에 낙심할 것인가? 그럴 수 없다. "둘 다 추수 때까지 함께 자라게 두라."(마 13:30) 나의 영혼이 회심한 후 수년이 지났을 때, 나는 성경에서 말하는 교회가 어디에 있는가를 찾아보았지만, 찾을 수 없었다. 물론 나 보다 훌륭한 성도들이 상당수 있는 것을 볼 수 있었지만, 초대교회와 같이 능력 가운데 세워진 교회는 볼 수 없었다. 그렇게 세워져야 하는 교회를 오늘날 볼 수 없기에 나는 교회가 폐허상태에 있다고 말할 뿐만 아니라, 그보다 더 좋은 단어를 찾을 수 없었다.

교회는, 이스라엘과는 달리 폐허상태에 있다. 비록 이스라엘은 폐허 상태에 있었던 적은 없었지만, 찍히는바 되었다. 그 이유는 이렇다. 이스라엘이 지상에서 하나님의 증인이었을 때, 휘장은 찢어지지 않았다. 그러므로 만일 이스라엘이 옛 언약 아래에서 실패하였다면, 그들은 새 언약 아래로 들어올 수 있을 것이지만, 교회는 새 언약의 정신으로 지상에 세워진 고로, 만일 실패한다면, 더 이상 찢어질 휘장이 남아있지 않기 때문이다. 심판이 이스라엘에게 집행되었고, 이스라엘은 이제 하나의 민족으로서 자리를 상실했다. 하지만 하나님은 교회에게 심판을 집행하지 않으셨다. 우리는 폐허상태에 있는 것과 찍혀 버리는 것 사이를 혼동하지 말아야 한다.

나는 주님이 우리 가운데 세우신 관계를 이해하는 것이 절대적으로 중요하다고 느낀다. 그럴 때, 교회는 절대적으로 안전하다고 말하는 대신 우리 양심을 움직일 것이다. 우리는 그리스도와 우리의 관계를 인식하고, 또 그 관계에 따른 책임의식을 느껴야한다. 그럴 때 순종의 필요성을 느끼게 될 것이다. 순종은 그리스도인이 엄중하게 생각해야 되는 유일한 것이다. 순종만이 우리를 자유주의로부터 지켜줄 것이다. 그럴 때 그리스도께 가까이 가게 될 것이고, 또한 우리를 인간 마음의 가장 자연스런 행태인 교파주의로부터 지켜줄 것이며, 하나님의 전체 교회에 대한 관심과 염려하는 마음을 가지게 해줄 것이다. 그렇다면 나는 그리스도의 신부가 아닌 것은 아무 것도 소유하고자 하지 않을 것이며, 항상 그리스도의 신부를 알아보고 또 영접할 준비가 될 것이다. 과연 그리스도는 영국 신부, 스위스 신부, 혹은 프랑스 신부를 가지고 있는가? 결코 그렇지 않다. 복음주의 연합체만이 신부일까? 그렇지 않다. 나는 국내든 해외든 어디를 가든지, 서슴지 않고 하나님의 교회란 무엇인가? 라고 묻는다. 어떤 사람은 "교회는 가시적이다"라고 말했다. 무슨 뜻인가? 입술로 신앙을 고백하는 교회는 과연 가시적인 하나님의 교회일까? 그렇다면 그 증거는 무엇인가? 그 교회는 죄인들에게 분리되어서 하늘의 머리이신 그리스도와 연합을 이루고 있는가? 또 다른 사람은 "교회는 비가시적이다"라고 말했다. 살아계신 하나님의 교회가 비가시적이라니 그 무슨 말인가! 그렇다면 그 증거는 무엇인가? 비가시적인 것은 죄 밖에 없다. 게다가 가시적인 거짓 교회가 있고, 비가시적인 참 교회도 있다.

잠시 형제단 운동을 생각해보고자 한다. 우리는 성경에서 말하는 참 하나님의 교회에 대한 관심이 있었고, 하나님을 사랑하는 모든 사람들이 교회로 나타나는 것을 보려는 갈망이 있었다. 어마어마한 복이 임했다. 많은 사람들이 더해졌다. 그리고 어려움이 왔고, 시련이 닥쳤다. 그들의 마음은 시련으로 가득했고, 그룹을 만들었다. 결과적으로 살아계신 하나님의 교회일 수 없게 되었다. 사람들은 우리가 너무 좁다고 말했고, 약간은 다른 사람들과 섞일 필요가 있다고 했다. 그렇지 않다. 또 그럴 수 없다. 많은 형제들이 떠나갔다. 그들은 우리와 함께 있으면서 과연 무슨 존재들이었을까? 아무 존재도 아니었다.

나는 과거로 돌아갈 수 없었다. "만일 내가 헐었던 것을 다시 세우면 내가 나를 범법한 자로 만드는 것이라." (갈 2:18) 나는 돌아갈 곳이 없었다. 내 마음의 유일한 갈망은 그리스도의 신부로서 교회의 아름다움과 복이었다. 그러한 갈망이 나로 하여금 모든 성도들을 전심으로 사랑하도록 해주었다. 왜냐하면 그들이 바로 교회를 이루고 있었기 때문이었다. 나는 교회가 전적으로 정결한 처녀로 약혼한 그리스도에게로 성별되길 바랐다. 나의 발은 좁은 길을 걷지만, 나의 마음은 그리스도만큼 넓었다.

어떤 사람들의 마음에 어려움을 일으키는 생각에 대해 살펴보고자 한다. 하나님의 교회는 성경에서 볼 수 있는 몇 가지 것들과는 구분되어야 한다. 이렇게 구분하는 것은 우리 마음에 흥미로운 주제일 뿐만 아니라, 극도로 중요한 주제이다. 첫 번째로, 로마서 11장을 보아야 한다. 많은 사람들은 교회가 이전 (유대교) 시스템에 접붙임을 받았다고 생각한다. 이러한 생각은 이성을 중지시키는 효과를 낸다. 두 번째로, 에베소서 2장 19절이다. "이제부터 너희는 … 오직 성도들과 동일한 시민이요 하나님의 권속이라." 마지막으로, 하나님의 교회와 천국을 구분해야 한다. 마태복음 16장에는 두 가지 실체가 있다. 즉 교회와 천국이다. 우선적으로 주님은 "내가 이 반석 위에 내 교회를 세우리니"(18절)라고 교회를 언급하셨다. 교회엔 열쇠가 없다. 그리고 나서 주님은 베드로에게 "내가 천국 열쇠를 네게 주리니"(19절)라고 말씀하시면서 천국을 언급하셨다.

로마서 11장은, 교회를 이루고 있는 사람들과는 관계가 있지만, 그럼에도 이 본문은 교회와는 아무 상관이 없다. 로마서 11장에는 하늘에 있는 머리와 몸이 연합을 이루고 있는 교회에 대한 내용이 전혀 없다. 믿지 않는 유대인들은 그들의 불신앙 때문에 찍히는바 된 사실이 소개되고 있다. 하지만 성경은 유대인들이 찍혀서 교회에서 떨어져나가게 되었다는 식으로 말하고 있지 않다. 왜냐하면 그들은 이전에 교회에 들어온 적이 없었기 때문이다. 사도 바울은 이방인 가지들도 찍혀 나갈 수 있다고 말한다. 이것도 교회일 수 없다. 왜냐하면 참된 의미에서 살아계신 하나님의 교회는 찍히는 일은 있을 수 없기 때문이다. 이 로마서 11장의 전체 맥락은 감람 나무가 지상에서 하나님의 약속의 경영을 이루는 채널과 통로와 관련이 있음을 입증하는데 있다. 그 안에서 이 모든 일이 일어나는 것이다.

이스라엘의 자녀들은 육체를 따라 약속의 후사들이었다. 그들은 꺾어졌고, 이방인들이 접붙임을 받았다. 이방인들도 하나님의 선하심에 거하지 않으면, 그들도 꺾여질 것이고, 다시 유대인들이 접붙임을 받게 될 것이다. 하지만 교회는 꺾어질 수도 없거니와, 다시 접붙임을 받는 일도 없다. 감람 나무는 지상에서 하나님의 약속이 진행되어 가는 연속적인 경영과 하나님의 외적인 섭리의 통로를 보여준다. 이 사실을 보는 순간, 로마서 11장의 어려움은 제거된다. 따라서 유대인은 본래 자신의 감람 나무에 다시 접붙임을 받게 될 것이며, 전혀 새로운 존재인 하나님의 교회에 접붙임을 받는 것이 아니다.

에베소서의 본문은 감람 나무에 대해서 말한 것과는 정반대의 내용을 말하고 있다. 교회에는 유대인도 없고, 이방인도 없다. 교회에는 "성도들과 동일한 시민"의 지위만 있다. 이방인이나 유대인이나 과거 자신의 지위를 떠나 새로운 지위에 들어간다. 이방인들은 이전 유대인의 상태로 들어온 것이 아니다. 성경본문은 이전 유대인의 상태에 대해서 전혀 언급하지 않을뿐더러, 유대인도 이방인과 마찬가지로, 둘로 하나를 만들어 한 새 사람을 지은 전혀 새로운 상태로 들어가게 된 것을 말한다. 그들은 함께 하는 동료 시민이다. 이것은 이방인들을 이전 유대인의 종교 공동체에 가입시킨 것이 아니라, 유대인과 이방인 모두를 전혀 새로운 공동체에 넣은 것이다.

이제 천국에 대해서 살펴보자. 천국은 한 가지 면에서 교회와 연결되어 있다. 왜냐하면 천국은 비록 비가시적이고 또 비밀스러운 형태로 지금 이 땅에 임해 있지만, 그럼에도 천국은 주 예수 그리스도의 능력과 권위가 집행되고 경영되는 영역이기 때문이다. 천국은 사탄의 통치나 네 짐승의 통치가 아니라 하늘의 통치가 이루어지는 영역이다. 천국은 의의 통치와 심판이 이루어지는 곳이며, 교회의 특징과는 달리 은혜를 발견할 수 없는 곳이다. 세례 요한에 의해서 천국이 전파될 때, 요한은 왕께서 "손에 키를 들고 자기의 타작 마당을 정하게"(마 3:12) 하실 것이라고 말했다. 주님은 장차 "그 나라에서 모든 넘어지게 하는 것과 또 불법을 행하는 자들을 거두어"(마 13:41) 내실 것이다. 이것은 천국에서 이루어질 심판을 가리킨다.

하지만 교회는 그리스도와 연합을 이룬 존재로서 함께 다스리는 일을 하게 될 것이다. 천국은 살아계신 하나님의 교회와는 다른 특징을 가지고 있다. "내가 왕 됨을 원하지 아니하던 저 원수들을 이리로 끌어다가 내 앞에서 죽이라."(눅 19:27) 이러한 구절은 하나님의 교회나 복음과는 아무 관계가 없다. 여전히 교회는 천국이 곧 세워질 것이란 증거를 가지고 있다. 시편 68편 23절을 보면, "네가 그들을 심히 치고 그들의 피에 네 발을 잠그게 하며 네 집의 개의 혀로 네 원수들에게서 제 분깃을 얻게 하리라"는 말씀이 있다. 이 구절은 구속과 은혜의 능력을 나타내는 특징을 가진 역사가 아니라 보응과 복수의 역사이다. 이것은 시편을 이해하는데 큰 도움을 준다. 우리는 시편을 통해서 그리스도의 원수들에게 심판을 집행해주시도록 부르짖는 그리스도의 영을 끊임없이 접할 수 있다. 시편에 표현되어있는 복수(復讐) 또는 원수 갚음을 비는 끔찍스러운 표현들은 왕국을 세우기 전에 있게 될 원수들을 향한 심판에 적용된다.

시편 21편 8절에서 우리는 예수님께서 하나님의 우편에까지 높이 되신 결과로 그분의 원수들에 대한 심판이 있게 될 것을 볼 수 있다. 그래서 시편은 "왕의 손이 왕의 모든 원수들을 찾아냄이여 왕의 오른손이 왕을 미워하는 자들을 찾아내리로다"라고 말한다. 성경은 그리스도를 왕으로 언급한다. 하지만 시편 22편에는 원수에 대한 말씀이 하나도 없다. 그분은 다만 "내 하나님이여 내 하나님이여 어찌 나를 버리셨나이까?"라고 부르짖는다. 그리스도께서 속죄를 이루시고자 죄를 위해서 고난을 당하신 것이다. 그리스도의 영혼은 깊은 고통 속으로 들어가셨고, 홀로 그 고통을 감당하셨다. 여기서 나는 원수들에 대한 것은 볼 수 없고, 대신 "내가 주의 이름을 형제에게 선포하고 회중 가운데에서 주를 찬송"(22절)하는 것은 볼 수 있었다. 이제 그리스도는 행복한 백성들 가운데 자신의 자리를 잡고 계신다. 교회는 천국 위에 있고, 천국 너머에 있다. *교회는 하나님이 그리스도를 사랑하신 그 사랑 안에서 그리스도와 더불어 연합을 이룬 행복한 백성들이다. 교회는 장차 그리스도와 함께 천국을 통치할 것이며, 지금은 그리스도를 왕으로서 또는 왕의 권리를 가진 분으로 소유한다.*

에베소서 2장으로 가보자. 전적으로 새로운 것이 있다. "우리는 그가 만드신 바라."(10절) "너희는 사도들과 선지자들의 터 위에 세우심을 입은 자라."(20절) 여기 선지자들은 구약시대의 선지자들이 아니라 신약시대의 선지자들이다. 3장 5절과 비교해서 살펴보자. "이제 그의 거룩한 사도들과 선지자들에게 성령으로 나타내신 것같이." 여기서 나타내셨다는 것은 전적으로 새로운 것을 계시하셨다는 의미이다. 두 부류의 사람을 한 새 사람으로 만드셨다. 유대인과 이방인은 멀리 있었던 사람들이었으나, "그는 우리의 화평이신지라 둘로 하나를 만드[셨다.]"(엡 2:14) 유대인과 이방인은 동일한 시민이 되었다. 이방인들이 유대인이 될 수는 없었다. 하지만 십자가로 원수 된 것을 소멸하시고 이 둘을 한 몸으로 하나님과 화목하게 하셨다. 사도 바울은 전에 먼데 있는 사람들과 가까운데 있는 사람들이 그리스도 안에서 한 새 사람이 되었음을 선언했다. 한 새 사람은 새로운 것 안에서, 굳이 표현하자면 하늘의 예루살렘에서 공동 후사가 된 것이다.

로마서 11장의 핵심 내용은 과연 하나님이 자기 백성을 버리셨는가에 대한 것이다. 하나님이 미리 아신 이스라엘을 버리셨는가? "그럴 수 없다"고 바울은 말한다.

"나도 이스라엘인이요 아브라함의 씨에서 난 자요 베냐민 지파라 하나님이 그 미리 아신 자기 백성을 버리지 아니하셨나니."(롬 11:1,2) 물론 하나님은 이스라엘 민족을 일시적으로 버리셨다. 이제 이 문제를 교회에 적용하는 것은, 하나님이 복음을 통해서 하나님의 교회를 모으시는 지금, 말도 되지 않는 소리이다. "이스라엘에 대하여 이르되 순종하지 아니하고 거슬러 말하는 백성에게 내가 종일 내 손을 벌렸노라 하였느니라."(롬 10:21) 이 구절을 볼 때, 과연 그들을 버리신 것으로 보이는가? 4절, 11절, 26절을 보면, 사도 바울은 하나님이 자기 백성을 버리신 일이 없음을 세 가지 측면에서 입증하고 있는 것을 볼 수 있다.

엘리야가 자신만 남게 되었노라고 말했을 때, 하나님은 그렇지 않다고 대답하시면서 "내가 나를 위하여 바알에게 무릎을 꿇지 아니한 사람 칠천 명을 남겨 두었다"(4절)고 말씀하셨다. 그리고 사도 바울은 "그런즉 이와 같이 지금도 은혜로 택하심을 따라 남은 자가 있느니라"(5절)고 덧붙였다. 게다가 하나님은 이방인들을 품으심으로써 "구원이 이방인에게 이르러 이스라엘로 시기 나게" (11절) 하는 방식으로 이스라엘을 돌보고 계셨다. 그리고 "그리하여 온 이스라엘이 구원을 받으리라 기록된 바 구원자가 시온에서 오사 야곱에게서 경건하지 않은 것을 돌이키시겠고"(26절)라고 말했다. 로마서 8장의 끝부분에서 사도 바울은 구원 문제를 "결코 정죄가 없느니라"는 것으로 마무리했다.

바울은 그리스도 안으로 성도들을 받으면서 생기는 난제, 즉 유대인의 특별한 자리에 대해서 "차별이 없느니라"는 말로 종지부를 찍었다. 그리고 바울은 이 문제를 이스라엘을 향한 하나님의 변경될 수 없는 목적과 결부시켜서 해결한 후, 로마서 9장에서 그에 대한 이유를 설명했다. 즉 "만일 당신이 아브라함의 후손으로 당신의 권리를 내세운다면, 이스마엘과 에서도 그리할 것이오. 당신의 민족적인 권리는 하나님의 주권에 의해서 일시적으로 주어진 것이었고, 이제 아브라함의 자손으로서 당신의 권리는 더 이상 유효하지 않소이다. 그걸 인정해준다면 이스마엘과 에서도 (그리스도의 몸 안으로) 들어올 권리를 가지고 있다고 해야 할 것이오." 하나님은 이방인들을 허용하심으로써 이와 동일한 주권을 행사하신다. 로마서 10장에 보면, 바울은 유대인들에게 그들이 어떻게 넘어지게 되었는지를 설명했다. 이것은 로마서 9장에서 설명하고 있는 주권에 속한 원리에 따른 것이 아니다. 다만 구약성경의 명백한 증거에 따라 일어난 일이었다. "그들이 믿음을 의지하지 않고 행위를 의지함이라 부딪칠 돌에 부딪쳤느니라."(롬 9:32) 하나님은 이스라엘을 여전히 돌보신다. 하나님은 그들에 대한 자신의 계획을 여전히 수행해 나가시며, 이방인들로 접붙임을 받게 하셨다. 만일 가지 얼마가 꺾이었다면, 그것은 얼마의 가지들이 남아 있다는 의미이며(롬 11:17), 하나님은 그들을 돌보시는 것이다.

21절을 보자. "하나님이 원 가지들도 아끼지 아니하셨은즉 너도 아끼지 아니하시리라." 어떤 사람들은 이 구절을 교회에 적용시키려고 한다. 그렇다면 하나님의 교회의 "원 가지들"은 누구를 가리키는 것인가? 여기서 원 가지들은 지상에 속한 약속의 후사들의 지위에 있는 사람들을 가리키며, 하나님은 그들을 (이렇게 꺾여버린 유대인들을) 땅에 속한 약속의 후사의 지위에 들어가도록 다시 접붙이실 수 있으시다. 따라서 이 구절을 교회에 적용시키는 것은 불가능하다. "형제들아 너희가 스스로 지혜 있다 함을 면키 위하여 이 비밀을 너희가 모르기를 내가 원치 아니하노니 이 비밀은 이방인의 충만한 수가 들어오기까지 이스라엘의 더러는 완악하게 된 것이라."(25절) 이 구절의 이스라엘이 과연 교회에 해당되는 것인가? "너희 유대인들은 조상들로 말미암아 사랑을 입은 자라."(28절) 이것이 과연 살아계신 하나님의 교회에 대한 것일까?

질문 2. 하나님의 자녀가 하나님의 교회가 무엇인지 알고 또 폐허 상태에 있음을 알았다면, 그 회복을 위해서 기도하고 또 힘써 회복을 위해서 수고해야 하지 않겠는가? 이제 무엇을 하며 살아야 하는 것인가?

만일 교회가 폐허 상태에 있음을 깨달았다면, 양심은 결코 평안할 수 없을 것이다. 만일 하나님의 교회가 하나님을 향해 우리의 마음과 뜻과 정성을 다해 행해야 하는 책임이 있고 또 양심이 교회의 폐허를 인식했다면 무엇을 해야 하는 것일까? 우리 양심은 만족할 수 없을 것이다. 왜냐하면 우리 양심은 죄악된 상태에서는 안식할 수 없기 때문이다. 이제 주님은 우리 자신을 예레미야 2장에서 말씀하신 것처럼 주님과의 관계 속에서 생각하도록 하신다. "가서 예루살렘의 귀에 외칠지니라 … 내가 너를 위하여 네 청년 때의 인애와 네 신혼 때의 사랑을 기억하노니."(렘 2:2) 이 구절은 이스라엘을 향한 하나님의 사랑 곧 한결 같은 사랑이 아니라 하나님을 향한 이스라엘의 사랑을 일깨우고 있다. 그들은 자신들이 아무것도 가진 것이 없었을 때, 하나님을 따르는 것을 가치 있는 것으로 생각했다. 그때 여호와께서 물으셨다. "너희 조상들이 내게서 무슨 불의함을 보았기에 나를 멀리 하고 가서 헛된 것을 따라 헛되이 행하였느냐?"(5절) 과연 내가 너희에게 선을 행하는 일에 실패한 일이 있느냐? 고 물으신 것이다.

그들이 광야에 있었고 또 사막과 구덩이 땅에 있었음에도 안전히 통과할 수 있었던 것은 하나님이 그들과 함께 하셨기 때문이다. 하지만 그들은 악하게 행했고, 그 마음에는 애굽으로 돌아가고 싶은 마음이 간절했으며, 다단과 아비람은 여호와를 멸시했다. 그럼에도 그들이 광야에 머문 것은 자신들이 주님을 따르는 것을 좋게 여겼고, 여기서 주님은 "우리를 애굽 땅에서 인도하여 내시고 광야 곧 사막과 구덩이 땅, 건조하고 사망의 그늘진 땅, 사람이 그 곳으로 다니지 아니하고 그 곳에 사람이 거주하지 아니하는 땅을 우리가 통과하게 하시던 여호와께서 어디 계시냐?"(6절)고 말하는 사람이 없었음을 언급하셨다.

이제 기드온이 이런 식으로 간구하는 것을 볼 수 있다(사 6:13). 그의 믿음은 자기 조상들을 애굽에서 올라오게 하신 주님을 신뢰하고 있었고, 여기에 바로 그의 힘의 비밀이 있었다. 그래서 하나님은 그에게 "너는 가서 이 너의 힘으로 이스라엘을 미디안의 손에서 구원하라"(14절)고 말씀하셨다. 만일 말씀이 우리 귀에 들렸을지라도, 우리의 처지를 안다면 만족하는 일은 있을 수 없다. 왜냐하면 실패를 인식하는 곳에서는 만족함이 있을 수 없기 때문이다. 다만 내가 바라는 것은, 나의 영혼 앞에 있는 유일한 목적은 그리스도의 재림이다. 만일 내가 신부의 영을 가지고 있다면, 나는 신랑을 갈망할 것이다. 그리스도는 신랑이시다. "성령과 신부가 말씀하시기를 오시옵소서 하시는도다."(계 22:17) 무엇을 해야 하는가에 대해선 잘 모를 수 있지만, 그리스도와 관계를 새롭게 하고, 우리의 사랑을 바치는 일은 얼마든지 가능하다.

사람들은 흔히 교회의 회복에 대해서 말하지만, 나는 그러한 생각에 대해서 심히 유감스럽다. 만일 내가 그리스도의 영을 가지고 있다면, 그리스도에게 신부로서 합당함을 잃어버린 상실감을 느낄 것이고, 그리스도에게 합당한 자가 되고 싶은 열망을 가지게 될 것이다. "주를 향하여 이 소망을 가진 자마다 그의 깨끗하심과 같이 자기를 깨끗하게 하느니라."(요일 3:3) 이것이 영적인 원리이다. *신랑을 기다리는 신부는 그리스도를 향하여 자신을 깨끗하게 하기를 추구할 것이며, 물로 씻어 말씀으로 깨끗하게 함으로써 그리스도를 위해 자신을 준비하고 단장할 것이다.* 영적인 힘은 교회로 하여금 그리스도를 위해 준비시키는 것으로 나타날 것이다. 주님은 우리를 영적인 축복의 땅으로 인도하셨지만, 우리는 우리가 그분을 위해 존재한다는 의식을 상실했고, 하나씩 다른 것들로 대체했다. 더 이상 우리가 주님을 위한 존재이며, 오직 주님을 위해서만 존재한다는 의식을 하지 못하게 되었다.

하나님이 우리 앞에 주시는 것 외에는 우리를 둘러싸고 있는 것들에 대해서 아무 관심도 갖지 않고 또 우리 영혼을 능력으로 사로잡는 진리 속으로 더욱 깊이 들어간다면, 그래서 우리는 다만 주님을 위한 존재라는 사실만으로 기뻐할 수만 있다면, 우리의 영혼은 극도의 행복감을 누리게 될 것이다. 그럴 때 우리 영혼은 총체적으로 그분의 소유가 된다. 교회의 회복은 우리가 추구할 목표가 아니다. 사람이 하나님을 섬기고픈 열망을 가질 때마다, 만일 그가 하나님의 목적을 알지 못할지라도, 그는 얼마든지 성공할 수 있다. 왜냐하면 그는 다른 무언가를 세울 것이기 때문이다. 그럴듯하게 보이지만, 실제로는 하나님의 뜻과는 아무 상관없는 그러한 일을, 바울은 어떤 측면에서 볼 때, 성공하지 못했다. 그의 인생 말기에 "그들이 다 자기 일을 구하고 그리스도 예수의 일을 구하지 아니하되"(빌 2:21)라고 말해야만 했기 때문이다. 사람이 하나님의 목적을 분명히 알고, 또 하나님을 위해서 전심전력하게 되면, 그는 분명 슬픔의 사람이 될 수밖에 없다.

사도 바울은 자신의 동역자들에게서 배신을 당했고 또 자신의 이름으로 된 교회도 없었다. 이제 성경적인 교회의 개념은 이렇다. 즉 자신을 구원하신 주님을 위해서 영으로 자신을 신부로 준비하는 하나의 백성인 것이다. 외양을 그렇게 꾸미는 것이 아니다. 왜냐하면 신부로 자신을 단장하는 것은 부활의 영광으로 되는 일이고, 다만 "물로 씻어 말씀으로 깨끗하게" 함으로써 영적으로 자신을 단장하는 것이기 때문이다. 내가 믿는 바, 전도를 포함한 모든 사역의 유일한 목적은 교회를 그리스도의 신부로 하나님께 바치는 것이다. 따라서 신부는 마땅히 하나님께 전적으로 성별되어야 한다. 교회의 사역과 교회의 회복은 전적으로 다르다. 나는 오늘도 사역에 참여하고 있지만, 회복에 참여하고 있지는 않다. 많은 사람들이 이 점에서 혼동을 일으키고 있다. 이제 우리는 "주님을 위해 준비된 한 백성을 준비시키는 일"이 곧 "물로 씻어 말씀으로 깨끗하게" 하는 사역에 참여하는 것임을 분명히 알게 되었다.

이제 올바른 순서에 대해서 생각해보자. 하나님의 영에 복종하는 일은 하나님의 영께서 주시는 것에 복종하는 것이다. 나는 그 자체를 목적으로 삼아 추구하기 보다는, 오히려 주 예수 그리스도의 오심을 소망하고 있다. 여기 이 땅에서 성도들에게 행하는 나의 모든 봉사는 교회의 회복이 아니라 교회의 사역을 행하는 것이다.

질문 3. (교회의 폐허 상태와 관련해서) 지상에 교회가 있는가, 없는가?

하나의 군대를 생각해보자. 군대가 멸망을 당하지 않고 다만 전 세계에 흩어져 있다. 그렇다면 군대는 엄연히 존재하고 있고, 없는 것이 아니다. 다만 그 연합체로서 그 힘을 잃어버린 상태에 있는 것이다.

제 2장 교회의 폐허 상태에서 그리스도인은 어떻게 해야 하는가
What the Christian has amid the ruin of the Church?

 우리가 풀어야할 문제들은 이렇다. 교회란 무엇인가? 사역은 무엇인가? 이 두 가지 질문을 다루게 되면 몇 가지 실수들을 바로잡을 수 있는 길이 선명하게 보일 것이다. 나는 인간의 사역을 부정할 마음이 없다. 나는 사역을 기독교의 근본적인 부분으로 인정한다. 화해의 말씀(또는 사역)은 인간에게 맡겨졌고, 만일 지극히 높은 수준에서 이것을 사도적인 것으로 본다면, "우리가 다 하나님의 아들을 믿는 것과 아는 일에 하나가 되어 온전한 사람을 이루어 그리스도의 장성한 분량이 충만한 데까지"(엡 4:13) 이를 때까지 복음 전하는 자, 목사와 교사의 은사들은 존재하게 된다. 문제는 이것의 진정한 성경적 특징에 대한 것이다. 나는 사도 시대와 초대 교회 시대에 조직이 있었다는 것도 인정한다. 하지만 오늘날 존재하는 것이 과연 성경적인 조직인가, 아니면 그저 인간의 필요에 의해서 고안해낸 인간의 고안물은 아닌가를 확증하는 일이 필요하다.

그 결과 외적인 몸으로서 교회는 황폐화 상태에 있게 되었다. 교회에 속하는 것만으로도 많은 유익이 있지만, 내가 성경을 통해서 분별하게 된 것은, 황폐화는 치료책이 없으며, 입술만의 고백 교회(the professing church)는 끊어지게 될 것이란 사실이다. 나는 매우 중요하고도 책임 있는 자리를 점유하고 있지만 외형상 입술만의 신앙 고백만을 가지고 있는 기독교계(external professing Christendom)가 있다고 믿는다. 거기에 속한 교회는 심판을 받을 것이며, 불충성스러움 때문에 끊어지게 될 것이다.

 그리스도의 참된 몸은 그렇지 않다. 그리스도의 몸된 교회는 성령에 의해서 그리스도와 연합된 사람들로 구성되어 있고, 형식적인 신앙고백 교회가 끊어져나갈 때, 몸된 교회는 하늘에서 그리스도와 함께 있게 될 것이다. 이것은 영국 국교회의 교리 문답집에 있는 내용이지만, 국교회의 교리 문답집은 다음 두 가지를 혼동하고 있다. 즉 말하길 "세례를 통해서, 나는 교회의 지체가 되고, 하나님의 자녀가 되며, 천국의 상속자가 된다"고 되어 있다.

 하지만 성경에서 우리가 발견한 교회는, 외형적으로 하나로 유기적으로 연합된 몸이다. 즉 그리스도인은 지구상에서 하나로 구성된 백성인 것이다. 장로들은 교회를 인도하고 감독하도록 지역적으로 임명을 받은 사람들이다. 그렇지만 이방인 교회들이 장로들을 세우는데 공식적인 임명절차를 거쳤는지는, 유대인 교회들만큼 선명하지는 않다. 하나의 교회가 있었고, 전체적으로 하나의 회중이 있었다. 각 지역에 장로들과 더불어 하나의 몸이 있었고, 그곳에 하나님의 교회가 있었다. 그럼에도 전체 세상 가운데 가시적으로, 외형적으로 유일하게 하나의 교회만 있었던 것이다. 만일 바울이 자기 시대에 여러 지역에 있는 하나님의 교회에 편지를 썼다면, 의심의 여지 없이 그 편지는 제대로 전달되었을 것이다. 하지만 만일 바울이 오늘날 편지를 쓴다면, 그 편지를 받을만한 몸이 없다. 아마 그 편지는 수신불능으로 처리되고 말 것이다. 한 지역교회의 회원이 되는 것은 성경에는 없는 것이다. 성경이 말하는 것은 그리스도의 지체가 되는 것이다. 이 그리스도의 몸은 하나의 손과 발, 그리고 하나의 눈을 가진 하나의 몸이다.

그 당시에 조직이 없었다는 말이 아니다. 분명 존재했지만, 오늘날처럼 이기적인 목적에 의해 설립된 것은 아니었다. 하나님의 조직은 세상에서 실종되었고, 수세기 동안 교황제도에 의해서 대치되어 왔다. 사람들은 이에 대한 무서움을 피해서, 각자 자기 소견에 따라서 행동했다. 첫 번째, 국가교회는 시민 법관에 의해서 운영되었는데, 이런 것은 종교개혁 시대까지 존재하지 않았다. 그리고 나서 이것이 비성경적이라는 판단을 했을 때, 수를 셀 수 없을 정도로 많은 종파로 갈라지게 되었고, 각 종파별로 조직을 만들었고, 자신의 회원들을 모집했다. 이러한 종류의 조직, 즉 전적으로 성경에 위배되는 것은 거절해야 한다. 우리는 교회를 새롭게 시작할 수 있다고 생각해서는 안된다.

다만 우리는 신약성경이 예언한 대로 진행되어 가는 이 시대에, 이처럼 고통 하는 말세에 모든 것이 황폐화된 마지막 시대에, 우리는 과연 어떻게 해야 하는가에 대한 완전한 인도와 지침을 성경이 주고 있다고 믿는다. 하나님의 택하신 자들의 믿음을 붙들고 있지만, 다양한 교단과 교파에 흩어져 있는 성도들이 있다. 하지만 그리스도는 흩어진 하나님의 자녀들을 하나로 모으기 위해서 자신을 주셨다. 그들은 지금 어째서 흩어져 있는 것인가? 그들은 세상이 교회의 하나됨을 보고 믿도록 하나됨을 이루어야 한다. 이제 그들은 하나가 되지 못하고 흩어져 있는 것 때문에 세상 사람들의 경멸을 받고 있다. 지상에서 책임 있는 존재로서 교회는 황폐화 상태에 있다. 그

조직들도 마찬가지이다. 너무 많다. 하나님의 조직이 아니다. 바울은 이제 어느 지역에 가서 교회의 장로들을 초청해서 "성령이 여러분을 감독자로 삼고 하나님이 자기 피로 사신 교회를 보살피게 하셨느니라"(행 20:28)고 말할 수 없게 되었다. 교회가 존재한다면, 나는 그곳에 가서 나 자신을 즐겁게 바칠 것이다.

나는 우리가 처음 상태에서 얼마나 멀어졌는지를 보여주기 위해서 엄중한 신적인 증거로서 우리에게 주신 사도행전 2장과 4장을 굳이 언급하지는 않을 것이다. 성령께서 오순절 강림하셨을 때, 성령님은 교회를 하나의 몸으로 형성하셨다. 우리가 사도행전을 통해서 아는 대로, 그것은 약속된 성령의 세례였다. 고린도전서 12장을 통해서 배운 대로, 우리는 다 한 성령으로 세례를 받아 한 몸이 되었다. 이 몸은 공적으로 나타났고, 외적으로, 완벽하게 하나의 몸을 이루었다. 하나의 지체가 다른 지체에게 내가 너를 쓸 데 없다고 말할 수 없다. 한 지체가 고통을 받으면 모든 지체가 함께 고통을 받고 한 지체가 영광을 얻으면 모든 지체가 함께 즐거워한다. 다양한 은사들이 이 몸의 다양한 지체들을 통해서 더해졌다. 은사는 성령님께서 자기 뜻대로 각 사람에게 나누어주시는 것이다. 다양한 행정적인 직분들이 있지만 한 분 주님에게서 나온다. 은사들은 (전체 몸으로서) 교회에 주어졌다. 치유와 방언, 그리고 방언을 통역하는 은사들이 있었다. 이 모든 것이 세상에 있다. 은사는 지상에 있는 교회에 적용된다는 것 외엔 아무 의미가 없다. 자기 복무기간 만큼 복무했던 군인들처럼, 개인들은 떠나가고, 다른 사람들이 보충되어 교회에 들어온다. 그래도 군대는 남아있는 것처럼, 지상에 있는 교회는 하나 되게 하시는 성령에 의해서 하나의 교회로 계속해서 남아있게 된다. 지상에 그 모습을 드러낸 그리스도의 몸은 사도들, 선지자들, 다양한 도움들, 행정, 치유, 방언 등 성령님의 뜻대로 주어진 은사 등과 더불어 하나로서 존재하고 있다.

 이것은 논쟁의 여지가 없다. 이후에 어떤 모습으로 변모될지 모르지만, 이것은 하나님의 기관이었고, 다양한 은사 혹은 지체들이 하나로 나타난 몸이었다. 굳이 말하자면, 이것은 하늘에 있는 그리스도의 몸처럼 온전하게 될 것이다. 나는 그 때문에 하나님을 찬송한다. 교회는 지상에 가시적인 몸, 하나의 몸으로 세워졌다. 하지만 사도 바울은 불법의 비밀이 이미 활동하고 있다고 말했고 (살후 2장), 각 사람이 다 자기 일을 구하고 그리스도 예수의 일을 구하지 아니하고 있다고 말했다(빌 2장). 그리고 사도행전 20장에서 바울은 자기가 떠난 후에 포악한 이리가 들어와서 양떼를 아끼지 아니할 것이며, 또한 내부에서도 제자들을 끌어 자기를 따르게 하려고 어그러진 말을 하는 사람들이 일어날 것에 대해서 말했다. 사도적인 힘이 남아있는 한, 비록 악이 함께 하고 있을지라도, 충분히 억제되고 있었다. 하지만 사도가 떠나고 나면, 그의 죽음 이후에는, 악한 자가 침입해 들어올 참이었다. 왜냐하면 사탄은 사도적 승계는 없을 것으로 알고 있었고, 사도의 부재는 악이 활동할 수 있는 문을 열어주는 것임을 알고 있었기 때문이다. 사도 바울은 우리에게 예언적으로, 말세에 고통 하는 때가 이를 것과 경건의 모양은 있지만 그 능력은 부정되는 때가 오고 있다는 것을 말했다. 들을 귀 있는 사람은 그러한 것에서 돌아서야 한다.

고린도전서 12장은 하나님의 조직체, 즉 지상에 그리스도의 몸으로서 교회의 본래 구조를 온전히 설명해주고 있다. 만일 그것이 사라졌다면, 지상에 하나님의 질서 있는 체제로서의 그리스도의 몸은 사람의 죄로 말미암아 사라져버린 것이다. 이리가 들어왔고, 양들을 흩어버린 것이다. 왜냐하면 목자들이 삯꾼들이었기 때문이다. 이 때문에 성도들로 두려움에 떨게 하지는 말자. 왜냐하면 어느 누구도 위대한 목자의 손에서 아무 것도 빼앗을 수 없기 때문이다. 그럼에도 한 무리로[1] 있어야 할 양들은 흩어졌다. 하나님의 거룩한 눈이 항상 머무는 곳, 그리스도의 교회의 이름 아래서 가장 부패하고, 가장 악한 교황 제도라는 어둠의 시기를 지나온 것을 우리는 망각했다.

1) 요한복음 10장 16절에서 "한 우리(fold)"는 잘못된 번역이다. "한 무리(flock)"라고 해야 옳다.

하지만 과연 누가 우리가 마지막 때에 이르렀다고 말할 수 있을까? 사도 요한은 그렇게 말할 수 있었다. 요한은 이미 많은 적그리스도가 나타났으며, 이로써 마지막

때인 것을 알 수 있다고 했다. 마찬가지로 베드로도 "하나님의 집에서 심판을 시작할 때가 되었[다]"(벧전 4:17)고 말했다. 유다는 가만히 들어온 악한 사람들 때문에 편지를 쓰게 되었노라고 말했다. 그 사람들은 그리스도께서 나타나실 때 부패한 자요 대적하는 자들로서 그리스도의 심판을 받게 될 사람들이다. 일곱 교회들 사이를 거니시는 그리스도의 모습을 통해서, 우리는 교회가 처한 상태를 심판하시는 그리스도를 볼 수 있다. 과연 교회는 그때 이후로 발전되어 왔는가? 중세 어두운 시기를 돌이켜보라. 분열되고, 세속적이고, 갈팡지팡했던 프로테스탄티즘을 생각해보라.

실패가 곧 시작되어도 그리스도인은 놀랄 필요가 없다. 항상 그래왔기 때문이다. 하나님의 인내하시는 사랑은 참고 또 구원하며, 죽음을 보지 않고 하늘에 올라갈 수 있을 정도로 신실한 한 사람을 찾을 수 없을지라도 여전히 7천명을 알고 있다. 하지만 외적인 상태는 악에 의한 부패 과정 가운데 있으며, 심판의 때를 기다리고 있다. 우리가 사람에 대해서 처음으로 보는 것은, 낙원에 있자마자 타락하게 된 것이다. 무죄한 아담처럼 태어난 사람은 없었다. 노아가 제단에서 감사를 드린 후, 처음으로 일어난 일은 그가 포도주를 마시고 취했다는 것이다. 노아에게 맡겨진 통치는 약해졌고, 스캔들과 수치와 저주가 임했다. 하나님께서 불 가운데 말씀하신 후, 처음으로 일어난 일은, 모세가 산에서 내려오기도 전에, 이스라엘이 황금 송아지를 만든 것이었다. 기록된 율법은 그 단순한 특징에도 불구하고 인간에게 주어진 적이 없었다. 모세는 그것을 깨뜨려버렸다. 돌 판은 산 아래로 내던져졌고, 이스라엘 진 가운데로 들어오지 못했다! 그들은 황금 송아지 옆에서 무엇을 했는가? 아론의 아들들이 제사를 드리는 첫째 날 다른 불을 담아 드렸고, 그 결과 아론은 영광스럽고 아름다운 옷을 입고 지성소에 들어갈 수 없었다(레 16장을 보라). 다윗의 첫째 아들은 우상숭배에 빠졌고, 왕국은 황폐화되었다. 이방 왕에게 권력이 넘어갔지만, 금 신상을 만들었고, 이방제국은 짐승의 마음을 가졌다. 이방인이 다스리는 전체 시기는 이러한 특징을 띠고 있다.

나는 여기서 모든 그림을 제시했다는데 의심이 없다. 첫 사람, 율법, 제사장, 다윗의 아들, 이방인들을 다스릴 왕국의 설립은 두 번째 아담, 즉 그리스도에게서 온전히 성취될 것이다. 사람의 책임에 맡겨진 모든 것은 하나님에 의해서 설립되었지만 실패했다. 즉 사람은 실패했고, 그것도 즉시 실패했다. 그리스도의 몸으로서 지상에 설립된 교회도 예외는 아니다. 만일 요한 시대에 많은 적그리스도가 있었다고 할 것 같으면, 그들은 이미 그때에 말세에 접어든 것을 알고 있었고, 베드로는 하나님의 집에서 심판을 시작할 때가 되었다고 선언했다. 그리고 바울은 악한 사람들과 속이는 자들은 더욱 악하여져서 속이기도 하고 속기도 한다고 말했기에, 새로울 것이 없었다. 하나님이 사람에게 맡긴 모든 것에 대한 인간의 슬픈 말로(末路)였다.

첫 사람은 실패한 사람이다. 이것이 하나님이 사람을 바르게 지으셨다는 사실을 변경시키지 않을뿐더러, 그리스도의 몸으로서 교회가 하나됨 속에 설립되었고, 그에 필요한 모든 은사들이 주어졌으며, 고린도전서 12장이 증거하는 것처럼, 모든 지체들이 합력하여 선과 번영을 이루도록 계획되었다는 것도 변경시키지 않는다. 하지만 교회는 교황제도, 분열과 세속주의 때문에 몰락했다. 소위 교회의 간판을 내건다고 해서 그리스도의 몸이 되는 것은 아니다. 성경에서 말하는 우주적인 하나의 교회는 분명 있다. 그 우주적인 교회는 타락하지 않은 교회가 되고자 애쓸 필요가 없다.

우리는 이제 사역에 대해서 살펴볼 것인데, 독자들은 몸 안에 주어진 모든 복을 고르게 분배하기 위해서 주어진 은사들의 목록을 살펴볼 필요가 있다. 은사의 목록을 열거하고 있는 성경을 볼 때, 감독들이나 집사들은 등장하지 않는다. 성도들을 온전케 하며, 몸을 영구적으로 세우기 위한 은사들에 대해서 열거하고 있는 에베소서 4장에서도 마찬가지이다. 교회는 지상에서 하나로, 즉 그리스도의 몸으로서 설립되었다. 지금 그러한 몸, 혹은 하나됨은 찾아볼 수 없다. 교회는 황폐화된 상태에 있다.

하늘로서 내려오신 성령에 의해서 형성된 교회는 성경

에 보면 또 다른 특징을 가지고 있다. 즉 하나님의 집 혹은 하나님의 성전으로서의 교회이다. 이것은 이중적인 방식으로 제시되어 있다. 독자들은 이 특징을 주목하길 바란다. 하나는 절대적으로 안전하며, 아직 완성되진 않았지만 그리스도 자신의 사역에 속한 것이다. 다른 하나는 지상에서 현재적인 모습으로 나타나고 있는 것으로, 인간의 책임과 연결되어 있다.

이 주제에 대해서 하나님의 말씀은 무어라 말하고 있는지 살펴보자. "너는 베드로라 내가 이 반석 위에 내 교회를 세우리니 지옥의 문이 이기지 못하리라."(마 16:18) 여기서 우리는 건축하시는 그리스도와 사탄의 권세가 그리스도께서 건축을 완성하실 때까지 방해하지 못하리라는 것을 볼 수 있다. 이렇게 교회를 세우는 일에 그리스도께서 건축가이시며, 이 일에는 사람을 도구로 사용하는 일이 없음에 대해서 베드로는 이렇게 말하고 있다. "보배로운 산 돌이신 예수께 나아가 너희도 산 돌 같이 신령한 집으로 세워지고."(벧전 2:4,5) 사람들은 말씀으로 사역할 수 있지만, (사람들은 배제된 상태에서) 이 일은 전적으로 그리스도의 일이다. "예수께 나아가 너희도 … 세워지고."(벧전 2:4,5) 건축의 일은 사람의 일이 아닐 뿐더러, 건축은 아직 마쳐지지도 않았다. 산 돌들은 건물 꼭대기에 관석(topstone)이 놓일 때까지 날마다 날마다 더해질 것이다. 이런 의미에서 이 일은 눈으로 볼 수 없으며, 개인적인 사역은 결국 성전을 완성하는 것으로 나타날 것이다. 따라서 바울도 "그의 안에서 건물마다 서로 연결하여 주 안에서 성전이 되어 가고"(엡 2:21)라고 말했다. 이 성전은 은혜로 지어져 간다. 이 역사는 아직 끝나지 않았다. 신약시대의 사도들과 선지자들은 주요한 기초석으로서 예수 그리스도를 터처럼 놓았다. 그럼에도 사도들은 건축하는 일꾼이 아니라 산 돌이었다.

하지만 고린도전서 3장에서, 우리는 집의 또 다른 측면을 볼 수 있다. 사도 바울은 "지혜로운 건축 책임자로서 터를 놓았고, 다른 이가 그 위에 세우나 그러나 각각 어떻게 그 위에 세울까를 조심할지니라"(고전 3:10)고 말한다. 여기서 사람이 건축가이며, 사람의 책임이 즉시 개입된다. 우리는 가시적이고 외형적인 건축물을 보게 된다.

"너희는 … 하나님의 건축물이니라."(9절) 여기선 사람이 건축가이다. 사람은 금, 은, 보배로운 돌들을 재료로 사용해서 건축할 수 있다. 모든 것이 잘 되어가는 것처럼 보일 수 있다. 하지만 사람은 나무, 짚, 풀을 재료로 사용할 수도 있다. 그의 일은 아무것도 좋은 것이 없이, 그저 모든 것이 불에 타고, 소멸될 수도 있다. 여기선 세 가지 가능성이 제시되고 있다.

첫 번째, 건축가와 그의 사역이 다 좋은 경우이다. 물론 둘 다 인정을 받을 것이다. 두 번째, 일꾼은 진실하지만 사역이 좋지 않다. 그는 구원을 받고 그의 사역은 불에 타버린다. 세 번째, 여기엔 부패시키는 자가 개입된다. 그는 하나님에 의해서 악한 자와 같이 멸망을 받는다. 여기선 그리스도께서 건축가로서, 건물마다 서로 연결하여 주 안에서 성전이 되어감으로써 모든 것이 온전하게 되는 것이 없다. 다만 사람들이 건축가로 참여하고, 하나님의 집으로 불리고 또 지상에서 가시적인 건축물로 보이지만, 고의적인 악한 뜻을 가진 사람들에 의해서 온갖 종류의 값싼 건축 자재가 사용되어 건축되어질 수 있다. 과연 이런 일이 없는가?

 나는 그리스도께서 결국에 가서 자신의 거룩한 성전을 완성하실 것이라고 믿는다. 그리스도께서 세우시는 것은 결코 무너지지 않을 것이며, 거룩한 성전으로 지어질 것이다. 이 건축은 보이지 않는 특징을 띤다. 그러나 교회는 그렇지 않다. 이 건축은 현재 진행되고 있고 아직 완성되지 않았으며, 계속해서 산 돌들이 더해짐으로써 건축 중에 있다. 지옥의 문들에도 불구하고, 계속 성장하면서 성전이 되어 가고 있다. 나는 이것을 부정하지 않는다. 그 성전에, 나 자신도, 은혜로써, 하나의 돌로 참여하고 있다. 하지만 우리가 책임의 문제를 다룰 때, 그것은 사람이 건축에 참여한 것에 대한 것이지, 그리스도께서 세우시는 비가시적인 교회에 대한 것이 아니다.

 그리스도의 건축은 완전한 건축이 될 것으로 확신한다. 하지만 지혜로운 건축 책임자로서 바울이 참여하고, 또 사람들이 참여한 것은 부실공사로 나타날 수 있다. 당신이 건축에 참여하고 있는, 영국 국교회, 장로교회, 독립교회, 감리교회, 성결교회, 그리고 침례교회 등은 모두가 가시적인 것이다. 책임 있는 존재로서 당신이 건축에 참여한 모든 것이, 과연 인정받을 수 있을 것인가? 나는 그 모든 교단 속에 산 돌들이 있음을 한순간도 의심해본 일이 없다. 그리스도는 그들을 통해서 자신의 성전을 건축하고 계시며, 이미 자기 자리에 놓였을 것이다.

사랑하는 형제들이여, 나는 진심으로, 기쁜 마음으로 그대들을 그리스도께서 사랑하신 교회의 지체들로, 그리스도께서 자신을 내어주신 사랑의 대상으로 인정하고 있다. 그리스도는 자기 앞에 영광스러운 교회로 세우 실 것이다. 나는 그 사실을 진심으로 기뻐하며, 그렇게 될 것으로 확신하고 있다. 하지만 나는 그대와 그리스도께서 최종적으로 자기 앞에 세우시는 건축물 사이를 구분하고 있다. 나의 책임은 교회 문제를 제시함에 있어서, 비가시적인 교회에 대한 것이 아니라, 내가 얼마나 많은 말로 그대를 인정해주는 말을 쏟아놓는 것과는 별개로, 너무도 많은 교파와 종파들이 그대를 비가시적 교회로부터 찢어놓았는가에 대한 것이다.

이 문제를 다루려면 성경의 또 다른 부분을 살펴보아야 한다. 우리가 사도들의 시대에 이미 일어난 일을 본 것처럼, 만일 부패의 역사가 시작되었다면 교회의 상태는 심판받아야 하고, 모든 들을 귀를 가진 사람은 성령께서 자신에게 말씀하시는 바에 귀를 기울어야 한다. 과연 그러한 시대를 위한 성경의 지침은 없는 것인가? 분명 있다. 디모데전서가 가시적인 교회의 질서를 다루는 반면, 디모데후서 2장은 이처럼 모든 것이 악하고 혼돈스러운 시대를 다루고 있다. 디모데후서 2장에서 "하나님의 견고한 터는 섰으니 인침이 있어 일렀으되 주께서 자기 백성을 아신다"는 구절을 볼 수 있다. 이 구절은, 놀라운 방식으로, 어쨌든, 참 교회, 그리스도의 지체들은 비가시적이란 사실을 보여준다. 주님은 자기 백성을 아신다. 초대 교회의 시작에, "주께서 구원 받는 사람을 교회에 날마다 더하게"(행 2:27) 하셨다. 그들은 공개적으로 예루살렘에 있는 하나님의 교회에 더해졌다. 이제 우리는 "주께서 자기에게 속한 자들을 아신다"(딤후 2:19)는 구절을 보고 있다.

이것이 전부인가? 그렇지 않다. 우리는 공개적인 고백을 시험해보아야 한다. 그리고 하나님의 영께서 계속해서 "주의 이름을 부르는 자마다 불의에서 떠날지어다"라고 말씀하신다. 불의한 것이 무엇이든지 나는 불의에서 떠나야 하며, 특히 하나님의 집에선 조금의 불의도 용납해서는 안된다. 이것은 인침(the seal)에 따른 책임에 속한 부분이다. 주님이 자기에게 속한 자들을 아신다는 것을 생각해볼 때, 나는 그것을 하나의 진리로서 그 앞에 머리 숙이는 것 외에 달리 할 수 있는 것이 없다.

하지만 두 번째 부분은 나에게 내가 비가시적 교회 안에서, 즉 그리스도의 이름을 부르는 사람들 가운데서 어느 길로 가야할지 방향을 제시해주었다. 나는 불의에서 떠나야 한다. 그리고 내가 교회가 나아갈 방향이라고 부르는 것이 있다. 큰 집에서 나는 천하게 쓰는 그릇으로 드러나게 되면 나는 그것들로부터 나 자신을 깨끗하게 해야 한다. 그리하면 나는 귀하게 쓰는 그릇이 될 것이며, 주인의 쓰심에 합당하게 될 것이다. 큰 집 상태에서 나는 이 그릇과 저 그릇 사이에서 차이를 낼 수 있어야 하며, 주의 이름을 깨끗한 마음으로 부르는 자들과 함께 믿음과 사랑과 인내를 좇아야 한다. 따라서 교회가 큰 집과 같이 될 때, 나는 개인적으로 행동해야 하며, 악을 피하고, *주를 깨끗한 마음으로 부르는 자들과 함께 하면서 마음의 순수를 추구해야 한다.* 이제 디모데후서 3장을 보면, "*경건의 모양은 있으나 경건의 능력은 부인하는*" (5절) 사람들이 있는데, *이같은 자들에게서 우리는 돌아서야 한다.*

나는 아무것도 판단하고 싶지 않다고 말하는 것은 헛된 것이다. 나는 성령님께서 교회들에게 하시는 말씀을 듣고, 불법에서 떠나고, 천히 쓰는 그릇에서 나 자신을 깨끗하게 하고, 악한 그릇들에게서 돌아서고, 신앙고백 공동체에서 경건의 모양은 있지만 그 능력은 없는 곳에서 돌아서라는 부르심을 받았다. 다른 사람의 개인적인 동기를 판단하는 것은 옳지 않다는 것을 나도 인정한다. 내 말은 나 자신의 행실 가운데 악한 것이 있는지를 판단하는 일을 게을리 해서는 안된다는 것이다. 그렇지 않으면 어찌 악에서 돌이킬 수 있단 말인가? 만일 교황제도가 악한 것이라면 돌아서야 한다. 그 속에 있는 모든 것을 판단할 필요는 없다. 감히 말하지만 그들 가운데 어떤 사람은 하늘나라에 들어갈 것이다. 물론 프로테스탄트 교회에 속한 사람들도 그럴 것이다. 하지만 그들이 비성경적이라면, 나는 그들에게서 돌아서야 한다.

우리는 절대적인 방식으로 누가 그리스도인인지 알 수 없다고 말하는 것은 정말 악한 것이다. 우리 주변에는 어두움과 혼돈이 존재하기 때문에 많은 것들을 알 수는 없다. 다만 우리는 그것을 하나님의 심판에 맡길 뿐이다. 하지만 그러한 사람을 알아보는 것을 회피하는 것은 재앙스러운 일이다. 왜냐하면 형제로 알아보지 못한 사람을 나의 형제로 사랑할 수는 없기 때문이다. 주님은 "너희가 서로 사랑하면 이로써 모든 사람이 너희가 내 제자인 줄 알리라"(요 13:35)고 말씀하셨다. 사람들은 내게 "내가 사랑해야 하는 사람들이 누구인지 모르겠습니다"라고 말한다. 만일 그렇다면, 그리스도의 제자된 증거를 시험하는 일은 요원해진다. 만일 우리가 자녀들에게 누가 그들의 형제요 자매인지 말해줄 수 없다면, 가족의 정감은 어디서 찾아야 하는 것인가?

이 일은 현재적 상태와 하나님이 승인하신 사도적 상태 사이의 전적인 차이점을 보여줄 뿐이다. 구별된 하나의 백성으로 형제들을 사랑하는 것은 실제적인 순종과 의로움 만큼이나 참 기독교가 무엇인지를 시험할 수 있는 요소로 주어진 것이다. (요한의 서신서들을 보라.) "우리는 형제를 사랑함으로 사망에서 옮겨 생명으로 들어간 줄을 알거니와."(요일 3:14) 마찬가지로 10절과 16절을 보라. "형제를 사랑하지 아니하는 자는 사망에 머물러 있느니라."(14절) *형제 사랑은 온 세상 사람들을 대상으로 하는 것이 아니라, 따로 구별된 한 백성들을 대상으로 하는 것이다.* 서신은 "모든 거룩한 형제에게 이 편지를 읽어 주라"(살전 5:27)는 명령을 담고 있다. 그들은 거룩한 입맞춤으로 서로 문안인사를 해야 했다. 그래서 "모든 성도가 네게 문안하느니라"고 말했다.

하지만 이내 거짓 형제들이 가만히 들어왔다. 가만히 들어온 사람들과 참 신자들이 섞에게 되었다. 어떤 사람들은 배도했고, 떠나갔다. 그래서 그들은 우리에게 속하지 않은 것을 그런 식으로 드러냈다. 그들은 교회로 모이는 모든 곳에 있었고, 따라서 그들 중 악한 사람들을 내어 쫓을 수 있었다. 우리는 신약성경을 읽으면서, 이 사람들은 매우 유명한 계층의 사람들이었고, 서로를 알고 있었고, 형제들로 알려진 사람들이란 사실을 놓칠 수는 없을 것이다. 한 장소에서 그들에게 속한 사람은 모든 곳에 있는 사람들에게 속한 것이었고, 만일 자신이 모르는 곳에 간다면 천거서를 가지고 갔다. 세상과는 달리 그들 가운데에는 형제 사랑이 지속적으로 나타나고 있었다. 은밀히 신앙생활을 하는 사람들이 있긴 해도, 우리가 서로를 알 수 없다고 말하는 것은, 우리를 두르고 있는 그리스도인의 정감을 부정하는 것이며, 기독교의 전체 상태가 완전히, 그리고 치명적으로 황폐화되었다는 반증인 것이다.

한 무리의 사람들이 있었고, 온 세상 가운데서 하나로 연합된 몸으로서, 그리스도 안에 있는 신자로서 만나는 동료들(행 4:23, 15:22, KJV 참조)이 있었다. 거짓 형제들이 그 속에 잠입해 들어온 것이다. 그들의 하나됨을 내적으로 묶는 힘은 성령님이셨다. 그것은 성령의 하나되게 하신 것이었다. 하나의 성령과 하나의 몸이 있었다. *하나됨의 상징과 외형적인 중심에는 주의 만찬이 있었다. 우리는 다 하나의 몸을 이루고 있다. 왜냐하면 우리가 다 한 떡에 참여하기 때문이다(고전 10장). 그러므로 주의 만찬은 이렇게 교회의 하나됨을 외형적으로 증거하고 간증하는 신적인 도구다.*

영국 국교회와 기타 여러 교회들은 "세례를 통해서 나는 그리스도의 지체가 되고, 하나님의 자녀가 되고, 천국의 상속자가 되었다"고 가르친다. 이런 식으로 그리스도의 지체가 되고, (세례에 의한) 영적 중생을 통해서 죄 사함을 받은 사람들은 자신의 대부와 대모를 통해서 주교에게 확증 받으러 나아와야 하며, 신조와 주기도문과 십계명을 믿노라고 고백하자마자, 그들은 간단하게 준비된 교회 교리문답을 배우게 된다. 즉 그들은 세례를 통해서 그리스도의 지체이자 하나님의 자녀가 되었고, 확증(또는 견진례)을 통해서 그들은 주의 만찬에 참여하게 되었다. 그들은 세례를 통해서 그리스도의 지체가 되는 것으로 신앙생활을 시작하며, 자신들은 아무 것도 모르는 상태에서 그저 적절한 지침을 받은 후에 성례에 참여하게 되었다. 원칙적으로 모든 국민이 교회에 속한 것으로 계수되며, 교황제도에서 종교개혁교회에도 이것은 그대로 계승되었다. 오랫동안 이 관습은 강제적으로 유지되었고, 만일 자신의 자의적인 행동에 의해서 여기에 속하지 않는 사람은 분리자(schism)와 이의자(dissent)로 여겨졌다. 그리스도의 지체가 되는 방법은 믿음에 의한 것도 성령에 의한 것도 아니며, 신앙고백에 의한 것도 아니었다. 오지 성례에 의해서 되는 것이었다. 그들은 성경에서 하나님의 자녀가 되는 방법을 가르치고 있는 대로 믿음에 의해서, 성경에서 그리스도의 지체가 되는 방법을 가르치고 있는 대로 성령의 세례에 의해서 그리스도의 지체가 되고, 하나님의 자녀의 자녀가 된 것이 아니라, 다만 성례에 의해서 소위 영국 국교회의 회원이 됨으로써 된 것이다. 그들은 자신의 개인적인 신앙고백도 없이 그들은 그리스도의 지체가 된 것이다. 진실은 이것이다. 모든 종교 개혁자들은 세례 중생설을 굳게 붙들고 있다. 왜냐하면 중생(regeneration)이란 말이 성경에서 잘 사용되지 않았기 때문이다. 하지만 중생이란 용어는 칼뱅과 종교 개혁자들이 쓴 상징적인 책에서 분명히 언급하고 있음에도 영국 국교회, 루터 교회, 장로교회는 그 모든 증거들을 무시해버렸다. 스코틀랜드 교회, 네덜란드 교회, 기타 다른 교회들은 자신들의 교리서에 중생의 교리를 수록하고 있다. 유일한 차이점은 장로교회는 비가시적 은혜는 모든 사람에 대해서 (성례의) 상징을 통해서 절대적으로 임하는 것이 아니라 선택받은 사람에게만 임한다고 정의하고 있다는 것이다. 하지만 이것은 그들이 어디에 효력이 임하는지를 분별하고 있다는 사실만을 입증할 뿐이다. 루터는 자신의 교리 문답서에서 모든 사람에게 임하는 것으로 주장했고, 영국 국교회는 더욱 형편없게도 그것이 가능하다고 진술했다.

영국 국교회는 모든 국민을 유아기에 세례를 줌으로써 그리스도의 지체로 만든다. 국교회 반대자들Dissenters은 여러 가지 조건에 합의함으로써 자발적인 가입을 통해서 교회 지체로 삼는다. 플리머스 형제단Plymouth

Brethren은 성령을 통해서 형성되는 그리스도의 한 몸을 인정하며, 그러한 입장에서 떡을 떼기 위해서 만나고, 그리스도의 지체된 사실 외에 다른 입회 조건은 인정하지 않는다. 하지만 국가 교회는 세상 모든 사람을 성례를 통해서 국가 교회의 지체가 되게 하고, 국교회 반대자들은 자신들이 정한 조건에 동의하는 방식으로 특정한 교회들의 지체가 되게 한다. 이러한 시스템은 어느 것도 성경에서 찾아볼 수 없다.

우리는 외형적인 고백 교회와 그리스도께서 자기 앞에 세우실 교회를 혼동해선 안된다. 전자의 교회, 즉 입술만의 신앙고백을 한 교회는 심판을 받을 것이며, 끊어질 것이다. 하지만 후자의 교회는 하늘에서 그리스도와 함께 하게 될 것이다. 우리는 성경을 통해서 교회는 지상에서 하나의 몸으로 나타나는 것과 모든 것이 황폐화 상태에 있음을 볼 수 있다. 즉 신앙을 고백하는 다양한 공동체들이 내세우는 원리에 기초해서, 신자는 그 실행 원리상 잘못된 토대에 있는 국교회에 속해 있기도 하고, 이러 저러한 교파와 교단에 속해 있다. 그러한 것은 성경적인 것이 아니다. 이 모든 상태는 폐허 상태에 있는 것이며, 하나님은 이 점에 대해서 말씀을 통해서 예고하셨다. 단지 두세 사람일지라도 그리스도의 몸의 하나됨의 근거에서 모일 수만 있다면, 그분의 약속에 의해서 그들 가운데 계신 그리스도를 볼 수 있을 것이며, 순수한 마음으로 주의 이름을 부르며, 경건한 삶을 살아가는 하나님의 자녀를 보는 기쁨을 맛볼 수 있을 것이다. 그들은 억지로 하나 되고자 애쓸 필요가 없다. 그들은 이미 그 하나됨의 기반 위에 있다. 하나님만이 그리스도인을 세상에 물들지 않게 하고, 그리스도를 그들에게 보배로운 분으로, 그리스도를 모든 것으로 삼을 수 있게 하실 수 있다.

사역과 은사에 대해서 생각해보자. 구약시대 제사장 제도는 다른 백성들은 성소에 들어가서 하나님을 홀로 예배드릴 수 없음을 전제로 한다. 이 제도는 유대교에 속한 것이다. 사역은 은사와 같은 도구를 통해서 다른 사람들에게 하나님의 사랑이 흘러 나가게 하는 것이다. 내가 믿는 바, 은사를 따라 사역에 참여하는 것은 기독교의 주요한 특징이다. 나는 결코 사역을 부정하는 것이 아니다.

유럽 대륙에서, 은사를 사용할 수 있는 자유를 가리켜 만인 제사장 제도(universal priesthood)라고 부르지만, 그 용어는 잘못된 것이다. 제사장은 사람들을 대신해서 하나님께 나아가며, 하나님에게서 나와서 사람들에게 사역하는 것이기 때문이다. 어쨌든 오늘날 모든 신자가 사역에 참여할 수 있는 자격을 주는 원리는 통용되고 있다. 원칙적으로 이 부분에 대한 전쟁은 승리로 끝났다. 실제로 그렇게 할 수 있는 역량은 은사의 문제에 달렸다.

우선 은사에 대해서 살펴보자. 주님은 자기 종들을 보내시면서 달란트talents를 주셨다. 여기서 요점은 충성이며, 좋은 종이 되는 것이 관건이다. 그렇다면 좋은 자신이 받은 재능을 그 누군가의 허락이나 승인을 받을 필요 없이 사용하면 된다. 불충성의 표지는 재능을 주신 주님을 신뢰하지 못함으로써 아무 일도 하지 않는 것이며, 일을 하는데 다른데서 보증이나 안전장치를 찾는 것이다. 베드로는 우리에게 "각각 은사를 받은 대로 하나님의 각양 은혜를 맡은 선한 청지기같이 서로 봉사하라"(벧전 4:10)고 말한다. 만일 우리가 서로 봉사하지 않는다면, 우리는 나쁜 청지기가 된다. 고린도전서 12장에서 바울은 은사에 대한 총체적인 설명을 하고 있다. 성령께서 "그 뜻대로 각 사람에게 나눠 주시며" 또한 은사를 조정하는 행정문제는(administration) 주님의 권위 아래 두셨다. 각 지체는 몸 안에서 자신의 자리를 채운다. 이것은 또 다른 중요한 진리이다. 이러한 은사들은 지역교회가 아닌 전체교회에 주어진 것이다. 그래서 전체 몸 안에서 이런 저런 지체들이 사역하는 것이다.

주님은 교회에 우선적으로 사도들을 주셨다. 두 번째로 예언자들을 주셨고, 세 번째로 교사들을 주셨다. 그리고 나서 기적을 행하는 자들을 주셨고, 기타 등등을 주셨다(고전 12:28-30). 어떤 은사들은 사라졌다. 하지만 모든 은사가 다 교회, 즉 몸 안에 있다. 기적을 행하는 사역자는 특정 교회에 주신 은사자가 아니다. 그는 하나님이 원하시는 곳으로 가서 기적을 행하지만, 그렇다고 해서 그가 사도나 예언자나 또는 교사는 아니다. 오히려 그 이상이다. 그들도 마찬가지로 전체 교회에 주신 은사자이다. 아볼로가 그 당시 에베소에서 가르쳤지만, 또한 고린도에서도 가르쳤다. 예언자도, 그가 가는 곳마다 예언자로서 사역한다. 은사와 사역은 지역교회에 매이지 않는다. 은사자들은 지역교회에 속하지 않고, 전체 교회에 속하기 때문이다. 하나님이 그렇게 정하셨다.

에베소서 4장에 보면, 우리는 이러한 은사자들의 리스트를 볼 수 있다. 만일 (교회의 터를 놓았던) 사도들과 예언자들을 제외시키지 않는다면, 은사자들은 사역에 필요한 보통 은사들이다. 그리스도께서 높은 곳으로 오르시면서 은사자들을 주셨는데, (물론 지역교회에 속한 직분으로서가 아니라) "이는 성도를 온전케 하는 일을 하며, 이는 사역의 일을 하게 하며, 이는 그리스도의 몸을 세우려는"(엡 4:12) 것이다. 로마서 12장에서도 동일한 것을 말하고 있다. "이와 같이 우리 많은 사람이 그리스도 안에서 한 몸이 되어 서로 지체가 되었느니라 우리에게 주신 은혜대로 받은 은사가 각각 다르니 혹 예언이면 믿음의 분수대로, 혹 섬기는 일이면 섬기는 일로, 혹 가르치는 자면 가르치는 일로, 혹 권위하는 자면 권위하는 일로, 구제하는 자는 성실함으로, 다스리는 자는 부지런함으로, 긍휼을 베푸는 자는 즐거움으로 할 것이니라."(롬 12:5-8) 은사는 은혜를 주신대로 다르지만, 모두 한 몸 안에 두셨다. 은사를 받은 사람은 자신의 은사를 따라서 수고해야 한다. 은사는 지역교회에 속한 것이 아니다.

 게다가 무슨 임명식도 없다. 다만 은사를 받은 사람은 은사를 따라 섬기면 된다. 지금까지 살펴본 성경본문을 보면, 우리는 그 어디에서도 은사를 사용하는데 무슨 승인을 필요로 하는 것에 대한 조금의 암시도 발견치 못한다. 다만 은사 혹은 재능이 있는가 없는가, 그것이 관건이다. 게다가 이 은사들이 하나의 교회 혹은 하나의 지역교회에 속하는 것인지에 대한 개념도 발견하지 못한다. 은사를 받았다면, 자신이 받은 은사를 따라 사역하되, 순서를 따라서 해야 한다. 달란트talents를 받았다면, 장사를 해서 이윤을 남기되, 자기 분량을 넘어가서는 안된다. 은사나 달란트는 지역교회의 직분이나 장로를 세우는 것과 직접적인 연관이 없다. 은사들은 전체 교회를 위해서 사용된다. 지역교회 시스템이 참되고, 진실하고, 경건한 질서를 따르기만 한다면, 이렇게 은사가 활용되는 일은 너무도 경이로운 일이다.

성경에 장로들과 집사들이 없을까? 아니다. 분명히 있다. 사도행전 6장을 보면, 그들을 집사로 부르지는 않았지만, 그들은 집사의 직분을 받았다. 그렇다면 집사 deacons는 무슨 일을 하는 사람인가? 그들은 말씀 사역이 아니라 식단과 같은 봉사의 일로 섬긴다. 사도들은 "우리가 하나님의 말씀을 제쳐 놓고 공궤를 일삼는 것이 마땅치 아니하니 형제들아 너희 가운데서 성령과 지혜가 충만하여 칭찬 듣는 사람 일곱을 택하라 우리가 이 일을 저희에게 맡기고 우리는 기도하는 것과 말씀 전하는 것을 전무하리라"(행 6:3-4)고 말했다. 즉 그들은 말씀 사역과는 별개의 사역에 임명된 것이다 그들 가운데 두 사람은, 바울의 말에 따르면, "집사의 직분을 잘한 자들은 아름다운 지위와 그리스도 예수 안에 있는 믿음에 큰 담력을 얻었고"(딤전 3:13) 회당과 기타 여러 곳에서 열심히 사역에 참여했다. 빌립은 결과적으로 (예루살렘 교회의 집사로서) 자신의 직분을 내려놓고 사마리아로 갔으며, 이후 복음전도자로서 사역했다. 다른 다섯 명은 식단 사역을 하도록 임명을 받았고, 우리는 그들이 말씀 사역을 했다는 것을 전혀 볼 수 없다. 어쨌든 집사들은 일시적인 일 때문에 임명을 받은 것이며, 이로써 다른 사람들은 자유롭게 말씀 사역에 참여할 수 있었다. 예루살렘 교회 집사들 가운데 두 사람은 은사를 받았고 열정이 있었으며, 복음 전하는 일을 자유롭게 시작할 수 있었다. 한 사람(빌립)은 분명 복음 사역을 위해 지역교회의 직분을 내려놓고, 복음전도자가 되었다. 다른 한 사람(스데반)은 첫 번째 복된 순교자가 되어, 하늘로 갔다.

성경에서 우리는 말씀 사역을 위한 성직임명 ordination을 발견할 수 없다. 반면 식단 사역을 위한 임명은 볼 수 있다. 사도행전 8장은 우리에게 말씀 사역을 보여주고 있는데, 어떤 측면에서 보면 성직임명에 대한 모든 개념을 분쇄하고 있다. "그 흩어진 사람들이 두루 다니며 말씀을 전파하였더라."(행 8:4) 과연 전체 교회가 성직에 임명을 받았을까? 과연 하나님은 그러한 돌출적인 행동을 인정해주실 것인가? 나는 사도행전 11장 21절을 읽으면서 그에 대한 해답을 찾을 수 있었다. "주의 손이 그들과 함께 하시매 수다한 사람이 믿고 주께 돌아오더라."(행 11:21) 이방인들을 받아주시는 역사의 시작을 알리는 고넬료의 경우는 예외적이긴 해도, 이방인들을 향한 복음 사역이 시작된 후로는 성직임명이 없는 사람들의 자발적인 열심에 의해서, 그들이 가는 곳마다 말씀을 전하는 사역이 확립되었다.

바울의 경우를 생각해보자. 바울은 역사의 전면에 등장하자마자 복음 사역에 자신의 족적을 남겼다. 그는 조심스럽게 자신은 "사람들에게서 난 것도 아니요 사람으로 말미암은 것도 아니요 오직 예수 그리스도와 및 죽은 자 가운데서 그리스도를 살리신 하나님 아버지로 말미암아 사도"(갈 1:1)가 되었다고 말했다. 과연 바울은 성직임명을 받았는가? 우리는 식단 사역을 위해서 임명된 일곱 집사[2]의 경우 외엔, 열두 사도들이 성직임명을 받았는지에 대한 조금의 암시조차도 찾아볼 수 없다.

2) 사도행전 1장에서 맛디아의 경우에도 안수를 받지 않았다. 다만 성경은 "제비뽑아 맛디아를 얻으니 저가 열한 사도의 수에 가입하니라"(행 1:26)고 말하고 있을 뿐이다. 이 구절을 성직 시스템을 도입하고자 인용하는 것은 참으로 빈약하기 그지

없는 증거구절이다.

우선적으로, 교회 내의 말씀 사역에 대해서 생각해보자. 우리는 이미 성직임명이 없어도 자유롭게 말씀 사역에 참여할 수 있음을 살펴보았다. 우리는 고린도전서가 조심스럽게 사역의 질서를 교훈하고 있는 것을 볼 수 있다. "모일 때에 각각 찬송시도 있으며 가르치는 말씀도 있으며 계시도 있으며 방언도 있으며 통역함도 있다." (고전 14:26) 게다가 교정을 필요로 하는 무질서가 나타날 수도 있다. 나는 이것이 두 사람이 동시에 말하는 일이 일어난 증거라고 생각한다. 어쨌든 무질서가 있었다. 만일 사도 바울이 고린도교회에 2년간 있는 동안 누군가에게 사역을 맡기는 성직임명을 했다면, 무질서는 불가능했다. 무질서는 교정 받을 필요가 있었지만, 과연 어떻게 이루어진 것일까? 두 사람, 많아도 세 사람이 넘지 않도록 말하고, 차례로 해야만 했다. 그들은 모두가 하나씩 하나씩 예언할 수 있었고, 그 결과 모든 사람이 배우고 또 모든 사람이 권면을 받을 수 있었다. 예언하는 자는 둘이나 셋이나 말하고 다른 이들은 판단하는 일을 했다.

만일 은사가 없는 사람은, 물론 잠잠해야 했다. 여기에 성직임명을 받아 사역하는 것은 암시조차 없다. 은사를 사용하는 것은 모두의 덕을 세우기 위해서 질서 있게 운영되어야 했다. 안수 받은 사람만 사역하는 모습은 찾아 볼 수 없다. 만일 누군가 모든 은사(교사, 목사, 복음전도자)가 중지되었다고 말한다면, 나는 에베소서 4장을 가지고 이렇게 답변할 것이다. "그러한 은사들은 성도를 온전케 하며 봉사의 일을 하게 하며 그리스도의 몸을 세우기 위한 것인데, 만일 그렇다면 이 모든 일도 끝난 것이 될 것입니다." 따라서 사도 바울은 우리에게, 그 모든 은사들은 우리가 그리스도 안에서 온전히 성숙한 사람으로 장성하고 또 모든 교리의 풍조에 밀려 요동치 않게 하는데 필요한 것이며, 따라서 주님 오실 때까지 지속될 것이라고 말한다(엡 4:13,14).

은사를 활용하는데 필요한 교훈들을 말하고 있는 모든 성경구절에는 성직에 임명된 사람만 사역에 참여한다는 개념이 없다. 내가 인용했던 베드로전서 4장과 로마서 12장의 성경본문은 바로 이 진리를 확증하고 있다. 그렇다면 이 구절들은 장로들에 대한 개념도 배제하는가? 그렇지 않다. 장로들은 권위에 의해서 임명된 지역교회의 직분자들이다. 장로들에겐 하나의 은사가 바람직한 자격요건이긴 해도, 절대적인 요건은 아니다. 사도행전 14장을 보면, 바나바와 바울은 자신들이 복음을 전했던 도시로 돌아가면서, "모든 교회에서 장로들을 택하여"(23절) 세우는 일을 했다. 우리가 살펴본 대로, 은사들은 온 교회 안에 있는 모든 지체들이 가지고 있었다. 참 교사는 어디에서 교사였다. 장로는 특정 교회에서 택하여 세움을 받았다. 나는 23절에서 "택했다(chosen)"는 단어가 옳다고 본다. "임명했다(ordain)"는 단어는 잘못 사용되었다[3].

3) 사도행전 1장 끝에 보면, 22절에 이 단어(ordain)가 사용된 것은 절대적으로 잘못된 것이다. 킹제임스 성경은 "must one be ordained to be a witness"라고 번역되었지만, "ordained"는 헬라어 원문에는 없다. 따라서 "must one be a witness"가 되어야 한다. 이것은 심각한 오류이다.

성경을 보면, 이 단어는 안수했다는 의미로 사용된 적이 한번도 없다. 분명 안수는 있었다. 안수는 복을 전달하는 표시였으며, 병자를 치료하고, (사도적 특권으로서) 은사를 전달하는 방식이었다(딤전 1:6, 4:14). 게다가 사도의 손을 통해서 성령님이 임하기도 했다. 그럼에도 성경에는 장로들을 안수해서 세웠다는 말이 없다. 이렇게 판단하는 것이 옳다고 나는 확신한다. 하지만 성경은 안수를 통해서 성직에 임명하는 것에 대해서 침묵하고 있다. 하나님은 분명 성직자 제도가 들어올 것을 알고 계셨다. 어쨌든 장로들이 모든 교회에서 택함을 받아 세워졌다. "택함을 받았다"는 단어는 정말 중요하다. "임명되었다"는 잘못된 번역은 많은 해악을 끼쳤다. 교회 성도들이(또는 사람이) 장로들을 선택하지 않았다. 바나바와 바울은 교회 성도들을 위해서 장로들을 선택했다. (고린도후서 8장 19절, 사도행전 10장 41절을 비교해보라. 택함을 받았다는 단어만이 이 자리에서 사용할 수 있는 유일한 단어이다.) 장로들은 지역교회의 직분자들이다. 사도행전 20장을 보면, 우리는 장로들elders이 감독들bishops과 동일한 사람인 것을 볼 수 있다. 여기서 또 다시 영어성경 번역자들이 참으로 아름다운 단어인, 감독자overseers란 단어를 번역하면서 감독과 장로가 동일한 사람을 지칭하는 것이란 사실을 숨긴 것을 볼 수 있다. (빌립보서 1장 1절에선 아예 번역하지도 않았다.) 왜냐하면 이 단어는 그들의 직분이 무엇인지를 매우 선명하게 보여주기 때문이다. 그들은 하나님의 양무리를 감독하는 사람들이었고, 어떤 의미에선 말씀의 사역자들이기 보다는 목자들이었다. 그들이 가르치는 일을 잘 할 수 있다면 더 좋은 일이었다. 이처럼 말씀을 잘 가르침으로써 신적인 권위를 덧입는다면 감독하는 그들의 직분은 더욱 효율성이 배가될 수 있었던 것이다. 하지만 모든 장로들이 다 말씀의 은사를 받은 것은 아니었다.

디모데전서 5장을 보면, 우리는 잘 다스리는 장로들 가운데 "말씀과 가르침에 수고하는 이들을" 배나 존경할 것을 교훈하고 있는 것을 볼 수 있다. 사실 이 구절은 말씀과 교리를 다루는 사역과 장로들의 직분이 별개의 것임을 잘 보여주고 있다. 즉 말씀을 잘 가르치면 좋은 일이지만 그럼에도 말씀을 가르치는 것이 장로의 사역은 아닌 것이다. 이처럼 부가적인 설명은 장로의 사역을 더 효율적인 것이 되게 해준다. 따라서 우리는 디모데전후서와 디도서에서 장로들에게 필요한 자격이 중차대한 것을 볼 수 있다. 자기 집을 잘 다스리고, 자녀들로 복종케 해야 하며, 자기 절제를 할 수 있어야 했다. 이는 교회를 다스리고 인도하는데 매우 중요한 자질이기 때문이다. 이러한 자질들은 이미 교회에서 충분히 입증되어야 했다. 그럴 때 그들은 교회를 돌아보는데 합당한 자격을 갖추었음을 나타낼 수 있었다. 말씀의 사역자들은 젊을 수도 있고, 그렇지 않을 수도 있다. 장로들과 집사들은 진중(珍重)해야 하며, 공인(公認)되어야 하며, 가정의 아버지들이어야 했다. 한 지역교회의 장로가 다른 지역교회의 장로인 것은 아니었다. 디도는 모든 도시에 그와 같이 장로들을 세워야 했다. 은사는 어디서나 은사였다. 하나님은 은사를 지역교회가 아니라 전체 교회에 두셨다.

이러한 성경적인 말씀 사역의 특징을 잘 설명해줄 수 있는 약간의 부가적인 증거들을 살펴보자. "모든 성도의 교회에서 함과 같이 여자는 교회에서 잠잠하라."(고전 14:34) 만일 임명된 사역자가 있었다면 과연 이러한 지침은 무슨 의미가 있는 것일까? "여자의 가르치는 것과 남자를 주관하는 것을 허락지 아니하노니 오직 종용할지니라."(딤전 2:12) 여기서 나는 일종의 제한을 보고 있지만, 현대 신학에는 그러한 제한이 없다. 게다가 택하심을 입은 부녀에게 편지를 쓰고 있는 요한은 그리스도에 대한 합당한 교리를 가지고 있지 않은 사람은 영접하지 말 것을 권하고 있다. 순회 설교자들을 시험해보는 유일한 시험은 그들이 가진 교리를 시험해보는 것이었다. 가이오는 그들을 영접하는 일을 잘 했다. 디오드레베는 영접하는 일을 하지 않았다. 그렇다면 사역은 곧 은사에 따른 것이었다. 성직임명은 전혀 없었다. 은사를 가진 사람은 누구나 은사를 사용할 의무가 있었다. 그 목적은 "유익하게 하려는"(고전 12:7) 것이었다. 말씀은 이러한 은사들을 사용하는데 있어서, 교회에서 질서 있게 사용하도록 규칙을 정했으며, 은사를 가진 사람은 모든 교회에서 이러한 규칙을 따라서 사용해야 했다. 왜냐하면 몸은 하나이기 때문이며, 그는 어디를 가나 이 몸의 지체이기 때문이다. 장로들은 지역교회에서 감독이라는 직분을 맡은 자들이었다. 그들은 말씀의 은사를 가지고 있을 수도 있고, 그렇지 않을 수도 있다.

과연 디모데는 성직임명을 받았는가? 성경이 말하고 있는 "내가 나의 안수함으로 네 속에 있는 하나님의 은사를 다시 불일 듯하게 하기 위하여"(딤후 1:6)라는 말은 무슨 뜻인가? 디모데는 예언에 의해서 지명되었고, 바울은 안수함으로써 그에게 은사를 부여했다. 이것은 직분자로 세우는 것이 아니라 은사를 부여하는 것이었다. 디모데는 지역교회의 직분을 받지 않았다. 그는 에베소 교회에 남게 되었다. 마치 디도를 특별한 목적을 위해서, 즉 사도 바울의 대리자로서 그레데에 남겨 둔 것과 같았다. 디모데와 디도는 모두 사도 바울이 신뢰하는 동역자들이었다. 한 사람은 그레데에 남겨두었다가 니고볼리로 오게 했고, 다른 사람은 조만간 다른 곳에서 사도의 일행을 만나기로 했다(행 20:4, 딛 3:12). 디모데의 경우에는 장로회에서 안수를 받았다. 이것은 바울이 은사를 전달하는 일에 함께 마음을 합한 것이지 무슨 성직임명을 하는 것이 아니었다.

요컨대 사역은 은사에서 나오고, 은사는 하나님의 전체 교회에서 사용된다. 혹 복음전도자라면 세상에서 사용된다. 만일 사람이 재능(달란트)이 있는데, 그것으로 장사를 하지 않는다면 그에게 화가 있을 것이다! 사도들의 시대에는 하나의 교회만이 있었지만, 분열을 거듭한 결과 지금은 많은 교파로 나누어졌다. 따라서 하나의 교회로서 그 온전성과 정상적인 상태는 더 이상 존재하지 않는다. 공식적인 장로들을 선택하고 세울 수 있는 권위도 없을 뿐만 아니라 그처럼 공적인 임명을 수행할 수 있는 하나님의 한 무리의 양떼도 존재하지 않는다. 하지만 이처럼 황폐화된 상태에서도, 두 세 사람이 그리스도의 이름으로 모이는 곳에서 어떻게 처신해야 하며, 또한 어떻게 성도들을 섬기는 사역을 감당할 수 있는가에 대한 대책이 말씀에 기록되어 있다. 사역에 은사를 받은 사람은 세월을 아낄 수 있는 기회를 잡아 사역을 세워야 하며, 불쌍한 죄인들을 향해서는 복음전도자로서 힘을 다해야 한다.

성직자 제도는 하나님의 말씀에 근거가 없다. 성경은 모든 그리스도인들이 제사장이란 사실 외에는 제사장에 대해서 아무 언급도 하지 않는다. 사역은 여전히 목사,

교사, 복음전도자와 같은 영구적인 은사들을 필요로 한다. 몸이 자라는 것은 "온 몸이 각 마디를 통하여 도움을 입음으로 연락하고 상합하여 각 지체의 분량대로 역사하도록"(엡 4:16) 해주는 목회를 통해서 이루어진다. 지혜의 말씀을 통해서 일하는 지혜의 은사를 가진 사람은, 비록 공적인 말씀 사역에는 참여하지 않을 수 있지만, 하나님의 백성들 가운데 평안을 지켜주고, 행복감을 배가시키는 일을 한다. 우리는 현재적 필요와 자기 백성을 영광에 들어가게 하시는 일에 주님의 신실하심을 항상 의지할 수 있다.

내가 영국 국교회에서 나온 이유는 성례전과 사제제도 때문은 아니었지만, 그 두 가지 제도는 근본적으로 치명적인 해악을 가지고 있다. 사실 나는 그리스도의 몸을 찾고 있었고, (영국 국교회는 그리스도의 몸이 아니었고, 게다가 모든 교구민들이 회심한 사람도 아니었다.) 그와 더불어 나는 거룩하게 임명받은 사역을 믿고 있었기 때문이었다. 만일 바울이 교회를 방문한다면, 그는 설교할 수 없을 것이다. 왜냐하면 그는 성직임명을 받은 적이 없기 때문이다. 만일 악한 자가 사람에게 안수를 해서 그가 성직에 임명된다면, 그는 자격을 얻게 되고, 사역자로서 행세하고자 할 것이다. 반면 안수를 받지 않은 그리스도의 참된 종은 사역자로 인정받지도 못할 것이다. 이러한 시스템은 내가 성경에서 발견한 것과는 전혀 다른 것이었다.

형제단Brethren은 성경에서 말하는 하나님의 교회만을 인정한다. 즉 하나의 떡덩이로 상징되고, 사도적 가르침에 의해서 운영되며, 외형적인 기독교계와는 구분되는, 하나의 몸으로서 참된 연합을 추구한다. 사람들은 사도적 가르침을 떠났다. 그래서 그들은 교회가 과연 세상과 분리되어 있는지, 아니면 사람이 세운 것인지, 악한 자의 부패케 하는 역사가 시작된 이래, 성경이 제시하고 있는 성도의 길이 무엇인지 안중에도 없다. 오늘날 소위 교회들은 "몸이 하나이요 성령이 하나"라고 하는 것을 교회의 지상에 속한 의무로 여기지 않고 있다. 참된 몸은 하늘로서 오신 성령님에 의해서 이루어지며, 하늘로서 다시 오시는 하나님의 아들을 기다린다.

나는 이제 매우 중요한 말을 더하고 싶다. 사람들은 요즘 가식적으로 초대교회를 동경하고 있다. 이것은 실은 엄청난 소경 상태이며, 정말 중요하고도 절대적인 성경적 원리에 대한 배반이다. 성경의 원리는 처음부터 존재하고 있었다. 우리가 확신할 수 있는 것은, 그것을 말씀에서 발견할 수 있을 때 뿐이다. 오직 말씀에서 발견할 수 있는 것, 그것만이 확실하다. 불법의 비밀이 이미 시작되었고, 하나님의 집에서 심판을 시작할 때가 다가오고 있다. 처음부터 있었던 것이 하나님이 정하신 것이다. 그 외에 다른 것은 아무 것도 없으며, 있을 수도 없다. 이후에 역사가 흐르면서, 결국 그것들은 오래 된 것이 되어 버렸다. 사도들이 떠난 이후에, 모든 사람이 자기 일을 구하고 교회는 부패 과정에 들어갔다는 것 외에는, 초기에 확실했던 것은 아무 것도 남아있지 않게 되었다. 모든 것이 혼돈 속에 빠졌다. 처음부터 있었던 것은, 지금도 매우 분명하다. 우리는 처음부터 있었던 것, 바로 그것이 가진 유일성과 절대적인 권위를 생각하면서 꽉 붙들어야 한다.

이제 율법과 성화에 대한 부분을 살펴보자. 복음주의적 신학에 따르면, 사람은 의롭다 함을 받고, 그리고 성화되며, 그리고 나서 하늘나라에 합당하게 된다. 이러한 개념은 사람의 칭의를 불확실하고 모호한 상태로 돌린다. 왜냐하면, 만일 그가 하늘나라에 합당하게 되지 않는다면 그는 합당하지 않은 상태에서 하늘나라에 들어가거나, 아니면 그가 의롭다 함을 받았음에도 하늘나라에 결코 들어가지 못하는 것은 아닐지라도, 이미 그리스도의 피로 의롭다 함을 받은 그의 죄들에 대해서 책임을 져야 하기 때문이다. 이것은 성경의 진리가 아니라 인간적인 혼돈임에도, 여전히 복음주의자들이 내세우는 교리이다.

어떤 사람들은 이러한 것을 부인하고 또 성화를 다른 자리에 둠으로써, 거룩에 있어서 점진적인 과정을 부인해버렸다. 물론 성경은 점진적인 성화를 말하고 있다. 이 사실을 부정하는 것은 매우 위험하다. 나는 진리를 진술하고 있다. 다음 하나의 문장을 서술하는 것으로 충분하다고 본다. 만일 내가 성경에는 그런 것이 없다고 말한다면, 나는 성경의 모든 본문을 다 아는 상태에서만 그렇게 말할 수 있다. (당신은 진정 성경은 점진적인 성화를 전혀 가르치고 있지 않다고 말할 수 있는가?) 성령님은 긍정적인 진리를 통해서 가르치신다. 그 사실을 붙잡는 사람은 지혜로운 사람이다.

  우선 율법에 대해서 생각해보자. 이 주제는 너무도 방대해서 여기서 다 다루지는 않을 것이다. 사실 이 주제는 이미 여러 소책자들에서 충분히 다루었다. 다만 이 주제에 대해서 몇 개의 성경구절들을 언급하는 것으로 충분하다고 본다. 율법은 그리스도인의 삶의 규례가 아니다. 그리스도인은 성령 안에서 또한 사랑 안에서 행함으로써 율법을 지킨다. 그리스도께서 의심의 여지없이 그리스도인의 삶의 본이자 모델이시다. 그래서 사도 바울은 "예수의 생명이 또한 우리 죽을 육체에 나타나게 하려 함이니라"(고후 4:11)고 말했다. 그리스도는 우리로 자신의 발자취를 따라 오도록 모범을 남기셨다. 자신이 그리스도 안에 거하고 있다고 말하는 사람은 그리스도께서 행하셨던 대로 자기도 행해야 한다(요일 2:6). 율법이 그리스도의 행실의 기준이었다고 말하는 것은 은혜를 부정하는 것이며, 심지어 그리스도께서 선함 가운데 세상에 오신 하나님이심도 부정하는 것이다.

정작 고민해야 하는 문제는 이것이다. 과연 우리는 어떻게 참으로 선한 특징을 가진 그리스도의 모범을 따를 수 있는가? 이것이야말로 우리가 행하도록 부르심을 받은 것이다. 산상수훈은 율법을 영적으로 적용하고 있지 않다. 산상수훈은 살인하는 죄(마 5:21)와 간음하는 죄(마 5:28)도 다룬다. 다른 계명들은 어떤가? 산상수훈 속의 계명들은 십계명의 일부처럼 언급되지 않았을 뿐만 아니라 그리스도께서는 십계명과 대조적인 방식이 아니라 더 강화시키는 방식으로, "~~하였으나 나는 너희에게 이르노니"라고 자신의 뜻을 밝히셨다. 반면 은혜 속에서 일하시는 하나님의 행사는 우리의 본으로서 제시되었다. "하늘에 계신 너희 아버지의 온전하심과 같이 너희도 온전하라."(마 5:48) 하나님은 비를 의로운 자와 불의한 자 모두에게 내리신다. 하나님은 감사치 않는 자와 악한 자에게도 온유하시다. 하나님은 자신을 사랑하지 않는 사람들도 사랑하신다. 찬송을 받으실 주님은 천국에 들어가고자 하는 사람들에게 기대하시는 바를 알려주셨다. 십계명은 언급되지도 않았다. 구약시대 삶의 규례로 말씀하신 것과는 달리, 그리스도는 구약시대에 속한 것과는 완전히 다른 새로운 도덕성을 알리셨다. 하지만 은혜 가운데 역사하시는 아버지의 행실이 우리 삶의 규례로서 제시되었다. 아버지의 행실은 결코 율법이 아니다. 그렇게 말하는 것은 터무니없다. 또 다시 반복해서 말하지만, 산상수훈은 율법을 영적으로 해석한 것이 아니다. 산상수훈 속에는 구속 또는 속량에 대한 언급이 전혀 없다. 다만 여호와께서 이스라엘을 송사히며 재판관에게 내어 주고자 함께 길에 있는 상황을 언급하고 있으며(마 5:25), 경건한 남은 자의 특징을 설명하고 있다. 하지만 율법에 대한 것은 아니었다.

다시 에베소서 5장을 보자. "그러므로 사랑을 입은 자녀같이 너희는 하나님을 본받는 자가 되고 그리스도께서 너희를 사랑하신 것같이 너희도 사랑 가운데서 행하라 그는 우리를 위하여 자신을 버리사 향기로운 제물과 생축으로 하나님께 드리셨느니라."(1-2절) 하나님이 그리스도 안에서 우리를 용서하신 것처럼, 우리도 서로 용서해야 한다(엡 4:32). 이렇게 하는 것은 분명 율법이 아니다. 우리가 이렇게 서로를 용서하는 마음의 동기와 한계를 생각해볼 때, 이것은 전적으로 율법을 능가하는 것이다. 율법은 "네 이웃을 네 몸과 같이 사랑하라"고 말하지만, 우리는 다른 사람을 위해 전적으로 나 자신을 내어주며, 그리스도께서 하신 것처럼 나 자신을 산 제물로 하나님께 바칠 뿐만 아니라 형제들을 위하여 우리의 목숨을 기꺼이 버린다.

다시 골로새서 3장 12-13절을 보자. "그러므로 너희는 하나님의 택하신 거룩하고 사랑하신 자처럼 긍휼과 자비와 겸손과 온유와 오래 참음을 옷입고 누가 뉘게 혐의가 있거든 서로 용납하여 피차 용서하되 주께서 너희를 용서하신 것과 같이 너희도 그리하고." 그리고 빌립보서 2장 5절을 보라. "너희 안에 이 마음을 품으라 곧 그리스도 예수의 마음이니." 따라서 우리는 겸비하신 그리스도를 본으로 삼고 있다. 그리스도는 하나님의 본체이신 분이셨으나 자기를 비어 종의 형체를 가지신 분이셨다. 게다가 자기를 낮추시고 죽기까지 복종하셨다. 그리스도인의 삶의 방식 혹은 규례는 그리스도이시다. 스스로 낮은데 처하시고 은혜 가운데 용서를 베푸시는 그리스도이시다. 율법을 그리스도인의 규례로 삼고, 그리스도께서 우리 삶의 규례인 것을 부인하는 것은 참으로 악한 일이다. 이는 기독교를 실제적으로 부인하는 것이다.

은혜 가운데 행하셨던 그리스도께서 우리의 본보기이며 모델이다. 율법의 원리는 전혀 다르다. 율법은 우리에게 사랑을 강요하며, 실제로는 육신에게서 나오는 사랑을 요구한다. 왜냐하면 율법은 사람이 사는 동안 사람을 주관하는 권세가 있기 때문이다. 우리 삶의 주관적인 원리는 우리 속에 내주하시는 성령과 더불어 둘째 사람이신 그리스도로 사는 것으로 이루어진다(엡 4장). *죄로부터의 해방과 죄의 권세로부터의 해방은 율법에 의해서 이루어지는 것이 아니라, 우리가 그리스도와 함께 죽음으로써 옛 사람을 벗을 때 이루어지는 것이다.*

따라서 로마서 6장은 다음과 같은 질문을 다룬다. "죄에 대하여 죽은 우리가 어찌 그 가운데 더 살리요?"(2절) 그에 대한 대답은 "우리가 알거니와 우리 옛 사람이 예수와 함께 십자가에 못 박힌 것은 죄의 몸이 멸하여 다시는 우리가 죄에게 종노릇 하지 아니하려 함이니"(6절)이다. 로마서 6장은 바로 이 주제를 다룬다. 죄가 그리스도인을 주관하지 못하는 이유는, 그리스도인은 더 이상 율법 아래 있지 않기 때문이다. 새로운 본성을 따라서 하나님께 순종하는 것이 율법의 자리를 대신하고 있다. 우리는 그리스도의 몸으로 말미암아 율법에 대하여 죽었다. 따라서 우리는 이제 다른 이, 곧 죽은 자 가운데서 살아나신 그리스도에게로 갈 수 있게 되었다.

이제 갈라디아서를 보자. "내가 율법으로 말미암아 율법을 향하여 죽었나니 이는 하나님을 향하여 살려 함이니라 내가 그리스도와 함께 십자가에 못 박혔나니 그런즉 이제는 내가 산 것이 아니요 오직 내 안에 그리스도께서 사신 것이라 이제 내가 육체 가운데 사는 것은 나를 사랑하사 나를 위하여 자기 몸을 버리신 하나님의 아들을 믿는 믿음 안에서 사는 것이라."(갈 2:19,20) 고린도후서 3장에서 율법은 사망과 정죄의 직분으로 소개되어 있다. 고린도전서 15장 56절을 보면 "죄의 권능은 율법이다." 그리고 로마서 7장 5절을 보면, "율법으로 말미암아 죄의 정욕이 우리 지체 중에 역사하고 있다." "율법이 가입한 것은 범죄를 더하게 하려 함이다."(롬 5:20) 갈라디아서 3장 19절에 보면, 율법은 범법함을 인하여 더해진 것으로서, 약속하신 자손이 오실 때까지만 있도록 계획되었다. 하지만 믿음이 온 후로는 우리는 더 이상 몽학선생 아래 있지 않다(25절). 다른 말로 하자면, 사도 바울의 열정적인 가르침은, 바로 우리는 더 이상 율법 아래 있지 않으며, 성결과 거룩의 길도 율법에 의한 것이 아니며, 다만 우리는 죄에 대하여 죽은 자이고, 그리스도와 함께 십자가에 못 박혔으며, 그리스도께서 우리 안에 살아계신다는 것이다(골 3:9,10).

따라서 우리는 두 남편을 가질 수 없다. 율법과 그리스도를 동시에 가질 수 없다(롬 7장). 로마서 6장과 7장에서 다루고 있는 문제는 칭의가 아니라, 죄의 권세로부터의 해방인 점을 주목하라. 에베소서 4장 22-24절도 마찬가지이다. "너희는 유혹의 욕심을 따라 썩어져 가는 구습을 좇는 옛 사람을 벗어 버리고 오직 심령으로 새롭게 되어 하나님을 따라 의와 진리의 거룩함으로 지으심을 받은 새 사람을 입으라." 바로 이런 것이 그리스도를 배운다는 의미인 것이다.

어떤 사람은 우리의 복된 구주의 전체 삶은 구속의 과정과는 직접적인 연관이 없다는 식의 개념을 가지고 있는데, 이것은 사실이 아니다. 그들은 그리스도께서 율법을 지키신 것은 우리의 의로움을 위한 것이 아니라고 말한다. 많은 경건한 사람들, 그리고 영국 국교회의 존경받는 사역자들이 그렇게 믿고 있다. 그들이 말하는 구속의 과정이란 무엇인가? 성경은 그리스도의 피로 말미암는 구속, 그리고 그리스도의 보배로운 피를 통해서 사람이 구속을 받는 것에 대해서 말할 뿐, 무슨 과정을 말하고 있지 않다. 피 흘림이 없으면 죄 사함이 없다. (그리스도의) 의로운 삶을 추가하게 되면, 구속은 치명적인 오류에 빠지게 된다. 모든 반대에도 불구하고, "만일 의롭게 되는 것이 율법으로 말미암으면 그리스도께서 헛되이 죽으셨느니라"는 것은 여전히 진리이다. "우리가 육신에 있을 때에는 율법으로 말미암는 죄의 정욕이 우리 지체 중에 역사하여 우리로 사망을 위하여 열매를 맺게 하였[다.]"(롬 7:5) "만일 너희 속에 하나님의 영이 거하시면 너희가 육신에 있지 아니하고 영에 있[다.]"(롬 8:5)

이제 성화에 대해서 살펴보자. 하늘나라에 가는데 점진적으로 합당하게 되는 것(fitness)은 성경적이지 않다. 성장과 발전은 분명 성경적인 개념이긴 하지만 합당하게 되는 것(fitness)은 그리스도의 사역에 의해서 단번에 이루어진다. 십자가의 강도는 지금까지 온갖 죄를 저질렀지만 그리스도를 믿는 순간 낙원에 들어갈 조건을 충족시켰다. 그렇지 않다면 그는 낙원에 갈 수 없었을 것이다. 모든 그리스도인은 "우리로 하여금 빛 가운데서 성도의 기업의 부분을 얻기에 합당하게 하신 아버지께 감사"를 돌리도록 부르심을 받았다(골 1:12). 우리는 범사에 머리되신 그리스도에게까지 자라나도록(엡 4:15), 동일한 형상으로 변화되도록, 거룩을 추구하도록 부르심을 받았다. 사도 바울의 기도는, 평강의 하나님께서 그들을 온전히 거룩하게 해달라는 것이었다. 우리는 하나님의 안식에 들어가기를 힘쓰도록 부르심을 받았다. 하지만 복음주의 신학은 이 모든 것에 대해서 복음을 뒤집고 있다.

성화는 성경에 보면 두 가지 방식으로 제시되어 있다. 사람은 하나님을 위해 거룩하게 구별된다. 이처럼 신분적인 성화는 단순하며 절대적이다. 이와 연결해서 생각해볼 때, (절대적인 성화는) 의롭다 함을 받는 것보다 먼저 온다. 따라서 그리스도인은 지속적으로 "성도", 즉 "거룩하여진 사람", 다시 말해서 "성화된 사람"인 것이다. 성도는 (신분적으로) 성화되었고, 거룩하다(고전 1:2). 따라서 우리는 피 뿌림을 얻기 위하여 성화, 즉 따로 구별되었다. 성령의 구별시키는 능력에 의해서 보배로운 피의 능력 아래로 들어온 것이다. "너희는 씻음을 받았고, 너희는 성화되었으며, 너희는 의롭다 하심을 받았느니라."(고전 6:11) "그가 거룩하게 된 자들을 한 번의 제사로 영원히 온전하게 하셨느니라."(히 10:14)

우리는 이제 육신, 옛 사람, 그리고 새 사람에 대한 개념을 분명히 할 필요가 있다. 믿음으로 의롭다 함을 받은 사람은 자기 속에서 - 끊임없이 삶에 부착해서 사람을 절망적인 상태로 몰아넣는 - 죄(sin)와 그 죄의 권세로부터 해방받기를 사모해야 한다. 성경은 옛 사람, 육신을 결코 개선되는 것으로 말하고 있지 않다. "육신의 생각은 하나님과 원수가 되나니 이는 하나님의 법에 굴복하지 아니할 뿐 아니라 할 수도 없음이라."(롬 8:7) "육신은 성령을 거스른다."(갈 5:17) "육으로 난 것은 육이다."(요 3:6) 하지만 성경은 성령으로 나는 것과 새 사람과 그리스도께서 우리 생명이 되신 것에 대해서 말하고 있다. 그리고 그리스도인은 자신을 죽은 자로 여기도록 부르심을 받았다. 그리스도인은 옛 사람과 그 행위를 벗어버렸고, 새 사람을 입었다(골 3:9,10). 죄의 권세로부터 해방받는 순간, 신자는 자신이 그리스도와 함께 죽었음을 이해하게 되고, 죄는 더 이상 그를 주관할 능력 또는 권리가 없어지게 된다.

이상의 내용이 로마서 6장의 교리(교훈)이다. 신자는

신중하지 못하고, 여전히 죄의 지배를 받을 수 있다. 하지만 그가 그리스도를 바라보고 또 믿음을 행사한다면, 그는 죄로부터 해방을 받게 되고, 죄는 더 이상 그에게 힘을 발휘할 수 없게 된다. 그는 더 이상 육신에 빚진 자가 아닐 뿐더러 죄와 사망의 법에서 자유를 얻은 사람이다. 육신의 본질은 변화되지 않지만, 하나님의 영의 능력 안에서 그리스도인은 옛 사람을 벗어버리고 새 사람을 입었기 때문에, 자신을 죽은 자로 여길 수 있다. 여전히 우리 속에 육신이 존재하고, 육적인 본성과 죄가 내주한다는 사실에는 변함이 없지만, (해방을 통해서) 그리스도 안에 있는 능력이 우리의 것이 되었기에, 우리는 그 능력으로 몸의 행실을 죽이고 성령 안에서 행할 수 있다.

이러한 영적 해방의 역사의 결과로 영적 진보가 있게 된다(롬 7:20-25). 그리스도를 아는 지식에서 자라가게 되고, 이로써 머리되신 그리스도에게까지 자라가게 된다. 생명이신 그리스도는 거룩한 생명이시다. 어린아이가 장성한 어른으로 성장하듯, 마찬가지로 그리스도인도 은혜에 의해서 성장해간다(엡 4:15, 빌 1:10, 11, 골 1:9-

11). 골로새서 3장 17절과 비교해보라. 우리는 이제 더 이상 율법 아래 있지 않다. 자신의 위치가 그리스도 안에 있음을 아는 그리스도인은 육신에게 져서 빚진 자로 살았던 상태에서, 그리고 육신의 권세로부터 해방을 받았다. 비록 신중하지 못함으로 인해서 육신에 굴복하는 일이 있을 수 있지만, 그럼에도 그는 머리되신 그리스도에게까지 자라가게 된다. 육신의 본성은 결코 변하지 않는다.

하지만 그리스도인은 육신에 있지 않고 그리스도 안에 있다. 그리스도께서 그 사람 안에 계셔 경건한 삶을 살 수 있는 능력이 되어 주시며, 하나님은 신실하셔서 우리가 감당할 수 없는 시험 당함을 허락하지 않으신다. 우리는 이 모든 것 가운데서 날마다 그리스도인의 삶을 살아간다. 만일 그리스도인답게 행하고 있다면, 우리는 하나님을 두려워하는 가운데서 거룩함을 온전히 이루어 육과 영의 온갖 더러운 것에서 자신을 깨끗하게 할 것이다. 그리스도께서 나타나실 때, 그리스도와 같이 되고자 하는 소망을 가진 사람은 그리스도께서 깨끗하심과 같이 자신을 깨끗하게 해야 한다.

제 3장 그리스도의 교회의 본질과 하나됨을 향한 열망
Considerations on the Nature and Unity of the Church of Christ

나는 하나님께서 이 소책자를 통해서 믿음을 일으켜주시고 그에 따르는 믿음의 역사를 통해서 교회의 발전에 기여하게 해주시길 바라는 마음에서 이 글을 썼다. 나는 이 속에 교회의 본질에 대한 진리를 담았으며, 이러한 진리는 신자들의 마음 속에, 또한 성경학도들의 마음 속에 도덕적으로 부응하고픈 열망을 일으켜줄 것을 의심하지 않는다.

오늘날 신자들은 서로 널리 교류하고 있긴 하지만, 그럼에도 참 연합을 이루고 있다는 느낌은 전혀 느낄 수 없기에 고통을 느끼고 있다. 하나님의 축복으로 인해서, 이러한 생각들이 공감대를 형성하고 있고, 신자들의 관심을 끌고 있으며, 말씀을 통해서 교회의 목적이 무엇인지 더욱 분명하게 드러나게 되었다. 결과적으로, 교회 진리를 받아들임으로써 교회의 특성과 사역의 방향이 달라지고 있으며, 하나님의 축복 아래서 더욱 사역의 일관성을 유지할 수 있게 되었다. 교회의 소망이 확립되고, 강화되고, 확고해짐에 따라서, 세상을 향해서 하나님의 은혜가 더욱 선명하게, 더욱 힘 있게 나타나고 있다. 신자들은 성령의 역사를 더욱 의지하도록, 그리고 종국에는 인간적인 이해타산으로 끝나게 될 뿐인 인간의 생각과 인간적인 협력을 덜 의존하도록 이끌림을 받고 있다. 흔히 신자들이 내세우는 목표와 목적은 그들의 육적 본성과 혼합되어 있기 때문에, 하나님이 그들을 교회로 모으시고 또 그들의 믿음의 목표로 정하신 표준에 미치지 못하기 일쑤이며, 결과적으로 그들의 행실과 분열과 종파주의 속에 감추인 마음의 동기는, 하나님의 섭리에 따르는 자비하심에도 불구하고, 필연적인 결과로 국교회 혹은 비국교도 교회로 종착될 수밖에 없다.

　여기서 생각해 볼 것은, 복음의 가장 위대한 진리들은 대체적으로 모든 프로테스탄트 교회들의 신앙고백 속에 잘 녹아들어 있다. 믿음에 의해서 복음이 말하고 있는 사실들을 받아들인 결과, 인간 속에서 일어난 역사의 결과는 사랑에 의해서 열망들이 순결에 이르게 되었으며, 따라서 우리를 위해서 죽으셨다가 다시 사신 그리스도를 향한 삶과 그리스도의 영광을 바라고 즐거워하는 소망의 삶을 일으키게 되었다. 그러므로 교회의 생명이 그 참된 믿음의 결과에 전적으로 미치지 못하는 곳에서 하나됨을 기대한다는 것은 하나님의 영께서 타락한 인간이 내뿜는 도덕성의 불일치를 묵인해주시고, 또 하나님께서 그리스도의 교회가 그 위대한 머리의 영광에 미치지 못하는 영적 상태로 추락하고 있는 것을, 그로 인해 하나님께서 불명예스럽게 되고 있는 상황을 수수방관하시면서 그저 그 정도로 만족히 여겨주시기를 기대하는 것과 같다. 진실로 그럴 순 없다. 교회가 하락하는 것에 대한 하나님의 불쾌하심을 생각해야 한다.

교회가 배도 속으로 빠져들어 가면서 전적으로 타락했을 때, 하나님은 자신의 증인들을 일으키셨고, 그들은 인간이 저지른 가증한 일을 보면서 가슴을 찢고 울부짖어야 했다. 그들 대부분은 영적 이해가 없는 어두운 상황 가운데서도, 교회를 온통 뒤덮고 있는 도덕성의 부패를 쳐서 증언해야만 했다. 그리고 현재 악한 세상에서 주 예수님이 이루신 구속(救贖)의 역사를 알고 있는 그들은 외형적 신앙고백 교회의 배도에 맞서 증거해야만 했다. 하나님은 이러한 증거를 공적 신앙고백의 자리에서 하는 것을 기뻐하셨고, 신자들의 믿음의 기초와 양육을 위해서 교리적 진리들이 온전히 발전되도록 하셨지만, 교회는 그 위에 굳게 서서 영적 침체로부터 벗어나고, 또 성경교리의 저자께서 의도하신 목표에 이르고 또 세상을 향해서 하나님의 생각을 적절하고도 합당하게 전달하는 증인이 되는 일은 성공하지 못했다.

어쨌든 그런 일은 복된 일이고, 우리는 마땅히 감사하

는 마음으로 인정해야 하지만, 그럼에도 종교개혁은 그런 점에서 성공하지 못했다. 종교개혁은 너무도 인간적인 요소들이 섞여 있었다. 비록 영혼이 의지할 수 있는 말씀의 회복이 있긴 했지만, 교회의 체질에는 아무런 변화가 없었고, 여전히 옛 시스템에 머물러 있었으며, 말씀의 빛과 말씀의 권위에 의해서 세워지는, 즉 그리스도의 마음에 일치하는 결과를 내지 못했다. 이 때문에 오늘날 교회의 상태와 실행에 크나큰 문제가 발생했으며, 많은 사람들은 그러한 것이 하나님의 마음에 일치하지 못하고 있다는 불안감에 떨어야 했다. 종교개혁의 근거로 알려져 온 말씀의 권위에 많은 사람들이, 가능한 더 온전하게 순종하고자 했다.

따라서 그간 공개적으로 하나님의 교회로 인식되어 온 국교회가 세속성에 젖어들고 또 하나님을 떠나는 것에 비례해서 하나님의 영이 강력하게 역사할 때마다 다양한 독립교회들Nonconformity과 이의자들Dissent이 일어났다. 반드시 살펴보아야 할 것은, 교황주의자들의 교회가 최근까지 국가들 위에 군림해온 이래로, 종교의 부흥에 참여해온 사람들이 일반적으로 교회라 부르는 그 교회는 이 세상 왕들과 통치자들을 받아주었지만, 그들은 결코 "흑암의 권세에서 건져내어 하나님의 사랑의 아들의 나라로" 옮겨진 사람들이 아니었다는 점이다. 하나님의 사랑의 아들의 나라로 옮겨진 사람들만이 "총회와 하늘에 그 이름이 기록된 장자들의 교회"에 들어온 사람들이다. 이러한 내용들은, 기독교의 외형과 조직이 가장 중요한 요소로 자리 잡고 있는 이래로, 모든 거대한 국가교회 형태를 띠고 있는 프로테스탄트 교회에 해당되긴 해도, 본래 교회의 바벨론 포로상태에서 해방되던 그 종교개혁의 시대에는 그렇지 않았다.

이 모든 것에서 이례적이고 고통스러운 결과가 나왔다. 즉 하나님의 참된 교회들 간에 참된 교통이 전혀 없었다는 점이다. 내 생각엔, 이러한 것들을 인식하는 지체들도 없었거니와, 하나님의 자녀들은 개인적으로 서로 다른 교파에 속한 사람들 가운데서 동일하게 순수한 신앙을 고백하는 사람을 찾아내야만 했다. 어디에 그들을 하나로 묶는 끈이 있는가? 이 말은 거듭난 일이 없는 거짓 신앙 고백자들이 하나님의 백성들의 교제 가운데 혼재되어 있는 상황을 지적하는 것이 아니라, 하나님의 백성들을 하나로 묶어 주는 교통의 끈 자체가 전혀 없는 상황을 지적하는 것이다. 사실상 그들은 달라도 너무도 다른 상황 가운데 처해있다.

명목상 연합의 끈은 하나님의 자녀들을 서로 분리시킨 상태로 그대로 둘 뿐이다. 그렇다면 (불완전한 상태에서) 신자와 불신자가 서로 혼재된 상태에서, 하나님의 백성은 그저 신앙고백 교회공동체 가운데 홀로 지내다가, 서로 다른 교파 배경을 가진 채 교통을 나눌 수밖에 없다. 사실상 이런 일은 하나님의 백성에게 일어나서는 안되는 일이다. 그럼에도 이러한 일이 일어나고 있음은 부인할 수 없는 사실이며, 이는 교회가 들어가서는 안되는 매우 이상한 상태인 것이다. 교회 역사 연구는 (하나님의 참된 교회가 어떠해야 하는지를 마음에 새기게 해줌으로써) 이러한 현상을 직시할 수 있게 해준다. 이렇게 직시하게 해주는 것이 이 글을 쓰는 나의 현재 목적은 아니기 때문에, 주님을 경외하는 사람들이 어떻게 서로 대화하고 교제할 것인가에 대한 중요한 원리에 대해서만 언급하고 지나갈 뿐이다.

성령이 오신 일은 하나의 교회를 생성했다. 일반적인 말씀의 분별에 따르면 다소 모호한 연합체를 생성한 것이다. 하지만 말씀을 잘 살펴보면, 참 하나됨의 진수로서 하나로 묶는 능력과 역사가 선명하게 인식되진 않았을지라도, 불완전하게나마 하나됨이 그 속에 내재되어 있음을 볼 수 있다. 다른 한편, 열망과 행동의 일치성을 볼 순 있지만, 하나님 나라의 개념 속으로 통합되는 경향을 띠고 있기에, 그들을 하나로 묶어주는 능력에 대한 모습은 잘 볼 수 없다. 그리고 이러한 것 가운데서 그들은 결핍을 감지하긴 했지만 다소 안도감을 얻을 수 있었는데, 이는 하나님의 영의 역사가 그들 속에서부터 나타났기 때문이었다.

내가 언급했던 이러한 상태에서 벗어나려는 별도의 움직임이 있었다. 지식의 힘에 의한 것이든, 영적 생명의 열망에 의한 것이든, 그들 스스로 어떤 행동을 취하는 일이 일어났는데, 이 일은 종종 개인들에게 위험을 초래하게 했다. 기존 신자들로부터 분리해나가거나, 아니면 같은 분별을 가진 신자들을 모으는 일이 있었고, 그들은 영국 국교회 또는 다른 분리주의자들과는 전혀 다른 길을 모색하고자 했지만 결국 잘못된 노력에 매진하는 것으로 결론이 났다. 분리의 길을 가려했던 사람들의 영과 열망은, 의심의 여지없이, 많은 경우에 하나님의 영에 의해서 발동된 마음의 진실한 열망이었다. 그럼에도 그들의 경우는 하나님의 뜻을 오랜 동안 인내하면서 기다리는 일에 실패한 경우였다. 그들의 믿음 속엔 교회가 무엇인가에 대한 성경의 증거를 다소 포함하고 있긴 했지만, 우리 본성의 연약성을 간과하고 있었기 때문에, 교회의 실제적인 지위는 최고의 수준에 있었을 때조차도, 이미 언급한 이유들 때문에 본래 하나님이 정하신 기순에 이르지 못했다. 사실상 그들은 하나님이 정하신 섭리의 진행 속도보다 앞서 달려 나갔던 것이다.

우리 속에 있는 성령의 열망을 느끼는 사람들은 하나님의 백성들에게 진지한 주목을 받아 마땅하다. 하나님의 교회가 하나님의 참다운 목적의 실현에서 너무 동떨어져 있다는 것을 깨달음으로써 우리 영혼이 고통스러운 감각을 느끼게 되면, 이 일은 하나님의 능력과 영광만이 나타나기를 간절히 사모하게 해줄 것이며, 하나님께서 여전히 우리를 다루시고 계신다는 사실로 인해 감사하게 해줄 것이며, 하나님의 신실하심에 의해서 하나님의 백성들은, 때가 되면, 주의 영광 가운데서 빛을 발하게 될 것이라는 사실을 하나의 보증처럼 받아들이게 될 것이다. 또한 이 일은 우리로 하여금 오늘날 신자들이 걸어가야 하는 길에 대한 그리스도의 생각이 무엇인지를 부지런히 추구하도록 이끌어줄 것이다. 어쩌면 그 길이 그들의 열망과 정확하게 일치하지 않을 수는 있지만, 그럼에도 그들에 대한 완벽한 주님의 현재적인 뜻이다.

우리는 그리스도 안에서 하늘에 있는 것과 땅에 있는 모든 것들이 통일을 이루고, 그렇게 그리스도 안에서 자기와 화목을 이루는 것이 하나님의 목적이란 걸 알고 있다. 비록 그리스도의 부재로 인해서 불완전할 수밖에 없지만, 지상에서 이 일의 증인이신 성령의 능력에 의해서 온 세상에 흩어진 하나님의 자녀들은 하나의 교회가 되어야 한다. 신자들은, 성령으로 난 모든 사람은 근본적으로 마음의 하나됨을 열망하고 있으며, 서로를 알아보고 또 형제로서 서로 사랑해야 하는 것을 알고 있다. 하지만 이것이 전부는 아니다. 이 일이 어느 정도 실천되고 있다고 해도, 성경적인 의미에서 이 일이 이루어진 것은 아니다. 왜냐하면 신자들은 그렇게 하나가 되어야 하고, 그럴 때 세상은 하나님께서 예수님을 보내신 줄을 알게 될 것이기 때문이다. 우리는 분명 이 일에 실패하고 있음을 인정해야 한다. 나는 여기서 하나님의 자녀들에게 많은 것을 제시하려는 뜻은 없고, 다만 건강한 원칙들만을 세우고사 할 뿐이다. 왜냐하면 하나님의 영께서 점진적으로 나에게 영향을 끼치고, 또 그분의 보이지 않는 인도하심으로 강권하고 계시기 때문이다. 따라서 우리는 무엇이 실제적인 방해물인지, 무엇으로 하나됨을 이룰 것인지를 잘 생각해야 한다.

우선적으로, 성경에서 말하는 하나됨은 외형적으로 신앙을 고백하는 사람들이 지향하는 형식적인 하나됨이 아니다. 사실 놀라운 일은 경건한 프로테스탄트들이 그것을 열망하고 있다는 점이다. 나는 그러한 하나됨은 전혀 선한 일이 아니라고 생각할 뿐만 아니라, 그러한 연합체는 하나님의 교회로서 전혀 인정받을 수 없다고 본다. 그것은 다만 로마 가톨릭적인 하나됨의 복사판일 뿐이다. 그렇게 되면, 우리는 교회의 생명과 말씀의 능력을 상실하게 될 것이며, 영적 생명 안에서 하나 되는 일은 완전히 배제될 것이다. 하나님의 섭리 가운데서 진행되는 계획이 무엇이든지, 우리는 오로지 은혜의 원리 위에서만 행동할 수 있을 뿐이다.

참된 하나됨은 성령이 하나 되게 하신 것을 힘써 지키는 것이며, 그 일은 성령의 역사에 의해서만 진행되어야 한다. 지금까지 교회를 덮고 있는 저 짙은 어두움 속에서, 외적인 교단적 분립이 지지를 받아왔으며, 열정적으로, 심지어는 (교회 생명의 도구인) 말씀의 권위를 내세워 그리했다. 흔히 말하듯, 순수한 교회의 형태를 세우려는 종교개혁은 끝나지 않았지만, 그리스도인 신앙의 위대한 원리이자 초석으로서 "이신득의Justification by faith"라는 원리는 말씀을 통해서 세울 수 있었다. 게다가 지금 처한 교회 상태에 대한 평가가 옳다면, 우리는 어느 특정 교단의 이익을 추구하는 사람을 하나님의 영의 원수로 판단을 내리는 것이 옳다. 주 예수 그리스도의 능력과 오심을 믿는 사람들은 그러한 정신을 가진 사람을 경계해야 마땅하다. 이는 무지에 의해서건 아니면 말씀에 대한 불순종에 의해서건 교회를 하나님이 정하신 상태에서 끌어내리는 행위이며, 그 숭고한 의무를 그 최악의 것으로 만들고 또한 적그리스도인적인 결과를 도출해내는 행위이기 때문이다. 이는 참으로 간교하면서도 만연되어 있는 정신적 질병으로서, 그가 실제로 그리스도인일지라도 "우리를 따르지 않는 사람"인 것이 분명하다.

정말 이러한 정신이 하나님 교회의 하나된 모습의 나타남을 방해하고 있는 것은 아닌지, 하나님의 백성들로 분명히 보게 하자. 내가 믿기론, (상류 사회 또는 명목상의 교회들에서 활동하는 종교인 가운데서) 이런 일을 공개적으로 하는 기독교인들은 없다. 하지만 다분히 그러한 성향은 명백히 하나님 백성들의 영적인 관심을 드높이는 일과 그리스도의 영광이 나타나는 일에 치명적인 작용을 한다. 그리스도인들은 대개 이런 증상이 자기 마음을 얼마나 좀 먹고 있는지를 거의 모르고 있다. 자신들이 얼마나 "다 자기 일을 구하고 그리스도 예수의 일을 구하지 아니하는지"(빌 2:21), 얼마나 은혜의 샘을 마르게 하며 영적인 교통을 막고 있는지, 주님의 이름으로 함께 모이는 곳에 쏟아 부어질 신령한 복을 얼마나 방해하고 있는지를 모르고 있다. 아들의 나라라는 기초 위에서 모든 하나님의 자녀들을 품을 수 있는 토대를 갖고 있지 않는 교회는, 하나님의 교회에 부어주시는 온전한 복을 결코 누릴 수 없다. 왜냐하면 그러한 교회론은 성경적인 기초에 있지 않기 때문이며, 믿음으로 그 기초를 붙들고 있지 않기 때문이다.

두 세 사람이 주의 이름으로 모이는 곳에는, 바로 주의 이름만이 찬송을 받을 수 있다. 왜냐하면 그렇게 모인 사람들은 오직 주의 이름의 영광만을 위해 그 영원한 나라의 증진이라는 변할 수 없는 목적과 능력 가운데서 모이는 일을 지속할 것이기 때문이다. 그러한 모임 가운데에는 영광스러운 주님께서 자신과 자신의 이름을 영화롭게 하실 것이며, 아들의 위격에 대한 건강한 신앙이 고백될 것이며, 성령의 권능이 나타나게 될 것이다. 그러므로 그러한 사람들은 그리스도의 이름으로, (그들의 믿음의 정도가 어떠하든지) 하나님의 충만한 경륜 속으로 들어가게 될 것이며, 그들은 하나님과 함께 하는 동역자들이 될 것이다. 그렇다면 그들이 구하는 것은 무엇이든지 얻게 될 것이며, 이로써 아버지께서 아들을 통해서 영광을 받으시게 될 것이다. 하지만 이러한 약속들이 터를 잡고 있는 근거는 깨어졌고, 서로 친교를 나누도록 설정된 기반이 그리스도 안에서 작정된 하나님의 목적이란 토대 위에 형성되지 않았기에 그 일관성은 파괴되었다. 나는 그들이 아무런 영적인 끝을 얻지 못할 거라고 말하고 싶지는 않다. 다만 그 특성상 부분적일 수밖에 없는 하나님의 말씀에 대한 이해는 그저 그들 개인적으로 영생에 대한 소망만을 강화시켜줄 수 있을 뿐이다.

하지만 주의 영광이 나타나는 일은 믿는 영혼에겐 매

우 사모하는 일이긴 해도, 우리가 그것을 추구하는 것과 비례해서 개인적인 복으로 누릴 수 있을 뿐이다. (의심의 여지없이 모두가 전체 교회의 일부분에 속해 있기에) 우리가 처한 현재의 상태는 나의 마음 속에 사람들이 구주의 옷을 취하여 나누어 가지고 있는 것처럼 느껴졌다. 반면 속옷의 경우엔, 통으로 짠 것이기 때문에 나눌 수 없어서, 누가 얻나 제비를 뽑았다. 그 어간에 제자들의 삶의 능력의 원천이 되어 주었던 주의 이름, 곧 그들 모두를 적절한 질서를 따라서 하나로 묶어줄 주의 이름은 불명예스럽게도 내팽개쳐졌다. 나는 이 옷 조각들이 주님에 대한 아무런 관심도 없는 사람들의 손에 들어갔다는 생각에 마음이 편치 못하다. 그 옷의 상태로 볼 때, 주님은 다시는 그 옷을 입지 못하셨을 것이다. 사실 주님께서 영광 가운데 나타나실 때까지는 그럴 수 없었다. 나는 그럴 거라고 추정하거나 또는 억지를 써서 말하고 싶은 뜻은 없다.

주께서 사랑하고 또 성실하게 주님을 사랑하는 형제들이여, 우리가 처한 현재적 상황의 긴급한 사태에 대해서 주님이 무어라 말씀하시는지, 주의 음성을 들어보자. 우리를 향한 주의 마음을 생각해보자. 하나님은 그리스도 안에서 작정하신 자신의 목적을 알리셨으며, 그 목적들이 우리 마음에 영향을 미치길 원하신다. "그 뜻의 비밀을 우리에게 알리셨으니 곧 그 기쁘심을 따라 그리스도 안에서 때가 찬 경륜을 위하여 예정하신 것이니 하늘에 있는 것이나 땅에 있는 것이 다 그리스도 안에서 통일되게 하려 하심이라 모든 일을 그 마음의 원대로 역사하시는 자의 뜻을 따라 우리가 예정을 입어 그 안에서 기업이 되었으니."(엡 1:9-11) 다시 말해서 하나님의 뜻은 우리가 다 그리스도 안에서 하나가 되는 것이다

그렇다면 오로지 그리스도 안에서만 우리는 이 하나됨을 발견할 수 있다. 복된 하나님의 말씀만이 그 이상의 내용을 우리에게 알려줄 수 있다. (누가 이 사실로 인해서 충분히 감사할 수 있을까?) 이 하나됨은 땅에 있는 지체들을 하나로 모으는 것이며, 요한복음 11장 52절에서 말한 "흩어진 하나님의 자녀를 모아 하나가 되게 하기 위한" 것이다. 어떻게 이것이 가능할까? "한 사람이 백성을

위하여" 죽음으로써 되는 일이었다(요 11:50). 우리 주님은 자기 영혼이 수고한 결과를 내다보시면서, "내가 땅에서 들리면 모든 사람을 내게로 이끌겠노라"고 말씀하셨다. "이렇게 말씀하심은 자기가 어떠한 죽음으로 죽을 것을 보이심이러라."(요 12:33) 하나님의 자녀를 모으시는 분은 그리스도이시다. 게다가 그리스도 자신에게로 모으신다. (따라서 여기에 미치지 못하는 것은 결코 성경에서 말하는 하나됨이라고 할 수 없다. "나와 함께 모으지 아니하는 자는 헤치는 자니라"(눅 11:23)는 말씀을 생각해보라.) 자기에게로 모으는 일은 땅에서 들리신 이후에 시작되었다.

다른 말로 하자면, 우리는 그리스도의 죽으심이 주께서 다시 오시는 날까지 교제의 중심이며, 여기에 하나됨이란 진리의 전체 근간이 놓여 있음을 볼 수 있다. 따라서 교회의 하나됨의 외형적인 상징과 수단은 주의 만찬에 참여하는 것이다. "많은 우리가 한 몸이니 이는 우리가 다 한 떡에 참여함이라."(고전 10:17) 과연 바울이 만찬예식을 통해서 진정으로 의도하고 증거하고자 했던 것은 무엇이었을까? 그것은 "우리가 이 떡을 먹으며 이 잔을 마실 때마다 주의 죽으심을 오실 때까지 전하는 것"(고전 11:26)이다. 바로 여기에 교회의 본질과 생명을 볼 수 있다. 교회는 이것을 위해서 부르심을 받았다. 교회가 존재하는 근본적인 이유는 이것을 기초로 해서 서있으며, 이것만이 참된 하나됨의 기초인 것이다. 만찬은 주의 죽으심을 밝히 보여주며, 그 효력 때문에 신자들이 모인다. 그래서 주의 죽으심은 주의 영광이란 풍성한 열매를 맺는 씨앗인 것이다.

교회는 그리스도의 몸이 모이는 모임이며, 따라서 그리스도의 몸은 "만물 안에서 만물을 충만케 하시는 자의 충만"이다(엡 1:23). 이로써 주의 오심의 확실성을 보여 준다. "그 날에 강림하사 그의 성도들에게서 영광을 얻으시고 모든 믿는 자에게서 기이히 여김을 얻으시리라."(살후 1:10) 따라서 장차 그리스도께서 오실 때 영광 가운데 나타나게 될 하나됨의 본질과 실재는 그리스도의 죽음과 일치를 이루고 있으며, 그 결과는 영광과 맞닿아 있다. 결과적으로 영광이 나타날 것이며, 그리스도의 죽으심과 일치를 이루는 것은 그리스도께서 오시는 날에 그리스도와 함께 영광에 들어가는 길을 닦는 것이다.

따라서 사도 바울은 "내가 그리스도와 그 부활의 권능과 그 고난에 참여함을 알려 하여 그의 죽으심을 본받아 어찌하든지 죽은 자 가운데서 부활에 이르길"(빌 3:10,11) 사모했다. 과연 우리에게도 이러한 것들에 대한 믿음이 있을까? 우리의 믿음을 어떻게 내보일 것인가? 우리 주님이 가르쳐주신 이러한 지침들을 따라 행동하고, 하나님의 말씀에 기록된 거룩한 지식을 믿음의 대상으로 삼으로써 그리할 수 있지 않겠는가? 우리 주님께서 자신의 죽음 이후에 나타날 영광을 내다보시면서 친히 선언하신 말씀은 무엇이었을까? "자기 생명을 사랑하는 자는 잃어버릴 것이요 이 세상에서 자기 생명을 미워하는 자는 영생하도록 보존하리라 사람이 나를 섬기려면 나를 따르라 나 있는 곳에 나를 섬기는 자도 거기 있으리니 사람이 나를 섬기면 내 아버지께서 저를 귀히 여기시리라."(요 12:25,26) 주님을 섬기고 따르는 종은 장차 존귀하게 될 것이다. 만일 우리가 그러한 종이 되고자 한다면, 우리는 반드시 우리를 위해서 죽으신 주님을 따르는 자가 되어야 한다. 오늘 주님을 따르는 자는 주님께서 자기 영광과, 아버지의 영광으로 모든 천사들과 함께 올 때, 주님과 함께 하는 영예를 차지하게 될 것이다.

교회가 하나의 기독교 종교 단체로서 세상의 일부가 됨으로써 교회가 흩어진 상태에 있음에도 불구하고, 크게 감사할 일은 교회의 영광에 대한 소망을 발견함으로써 비록 불완전한 부흥이 있었지만, 신자들이 말씀 속에 기록된 신자가 걸어야 할 길을 발견하게 되었다는 것이다. 즉 우리가 지금은 하나님 자녀들의 영광을 아직 보고 있지는 않지만, 광야 길을 가는 우리에게 그 영광의 길이 계시되었다는 것이다. 우리는 교리적으로, 주의 죽음이 우리에게 은혜의 선물이 되었고, 우리 영혼이 영원한 영광을 위해 세움을 입는 일에 유일한 토대라는 것을 확신하고 있다. 진실로 주의 죽으심이 신자들에게 복의 근원이다. 신자로서 우리의 의무는 우리가 믿는 바의 증인이 되는 것이다.

유대인들의 하나님은 선지자 이사야를 통해서 "너희는 나의 증인이요"(사 43:10,12, 44:8)라고 말씀하셨다. 그리스도께서 신실하고 참된 증인이신 것처럼, 교회도 마땅히 그리해야 한다. "오직 너희는 택하신 족속이요 왕 같은 제사장들이요 거룩한 나라요 그의 소유된 백성이니 이는 너희를 어두운 데서 불러 내어 그의 기이한 빛에 들어가게 하신 자의 아름다운 덕을 선전하게 하려 하심이라."(벧전 2:9) 그렇다면 교회는 세상의 우상숭배자들의 헛된 영광을 대항해서 살아계신 하나님의 증인이 되어야 마땅하다. 그리스도께서 부활을 통해서 들어가신 영광에 들어가려면, 우리도 그리스도의 죽음에 실제적으로 연합해야 한다. 세상을 향해 못 박히고 또 세상도 자신을 향해 못 박혔다는 십자가에 연합하는 참 믿음이 절대적으로 필요하다.

하나됨, 교회의 하나됨, 그리고 "주께서 구원받는 사람을 날마다 더하게" 하셨던 그 하나된 교회는 "모든 물건을 서로 통용하고 제 재물을 조금이라도 제 것이라 하는 이가 하나도 없었고,"(행 4:32) 그들의 시민권은 하늘에 있었다. 그들은 교회의 공동 소망에서 나누어질 수 없었다. 그들의 마음은 하나로 묶여 있었다. 하나님의 영께서는 그것을 기록으로 남기셨고, 이후 교회는 최상의 상태에 있었을지라도 재산 문제 때문에 분열이 일어났다. 왜냐하면 분열이 있을 수 있었고, 이기적인 마음이 있을 수 있었기 때문이다. 나는 과연 신자들이 교회들을 바로잡기를 바라고 있는가? 나는 그들 스스로 바로 잡고, 어느 정도는 그들을 부르신 그 부르심의 소망에 부응하는 삶을 살기를 간청하는 바이다. 나는 우리 모두가 주 예수님의 죽으심에 대한 믿음을 나타내고, 그에 대한 믿음을 가짐으로써 영광스러운 확신을 자랑하고, 그분의 죽으심을 본받고, 그분의 재림에 대한 믿음을 나타내고, 재림의 소망에 합당한 삶을 통해서 실제적으로 기대하기를 간청한다. 교회의 세속성과 소경된 상태를 경고하고, 행실의 일관성을 추구하자. "너희 관용을 모든 사람에게 알게 하라." (빌 4:5)

세상 정신이 만연한 곳에 영적 연합은 설 수 없다. (과연 얼마나 세상 정신으로 가득한지를 제대로 알고 있는 사람은 정말 소수이다.) 세상 정신이야말로 배도의 세력에게 점진적으로 교회의 문을 열어주고, 또 기독교 교회에 얼마나 파괴적이고 사악한 영향을 끼치고 있는지를 깨닫고 있는 성도들은 거의 없다. 그들은 자신들이 세상 권세에서 해방을 받았으며, 세상에 영향을 주는 실제적인 영에게서 자유를 얻었다고 생각한다. 또한 하나님께서 엄청난 해방의 역사를 이루셨기에, 자신들은 그저 영적인 만족을 누리면 된다고 생각한다. 하지만 그러한 마음이야말로 얼마나 약속의 성령으로부터 거리가 멀어진 증거라고 하는 것은 두말할 필요가 없다. 오히려 우리는 우리 앞에 놓아두신 것, 즉 하나님이 위에서 부르신 부름의 상을 향하여 좇아가며, 그것을 푯대로 삼아 달려갈 뿐만 아니라, 그리스도의 죽으심까지 본받음으로써 죽은 자 가운데서의 부활에 이르도록 해야 한다(빌 3:10-14). 이러한 목표를 가진 사람은 주님을 앙망하면서, 수건을 벗은 얼굴로 그리스도의 영광을 볼 것이며, 이로써 "저와 같은 형상으로 화하여 영광으로 영광에" 이르게 될 것이다(고후 3:18).

이제 질문을 해보자. 과연 오늘날 참 신자들로 이루어진 하나님의 교회는 이상의 내용들을 추구하고 있는가? 하나의 몸으로서 교회가 그리스도에게서 완전히 떠나있음을 과연 우리는 믿고 있는가? 주의 재림의 날에 주께서 교회를 통해서 영광을 받으시는 것으로 교회가 회복되는 것으로 믿고 있는가? 그리스도께서는 과연 각 교단의 특징을 그대로 인정하시면서 신자들의 연합을 이루는 일을 하고 계시는가? 그렇다면 장애물을 제거하지 않은 상태로 그대로 두어도 되는 것인가? 그렇다면 복음의 참 목적인 구주이시며 또한 주님이신 예수 그리스도의 죽으심과 다시 오심을 세상적인 염과 본질적으로 혼합시키는 것이 아닌가? 그 상태에서 과연 신자들이 모든 사람들에게 너희 관용을 알게 하라는 계명대로 행동하고 있다고 믿힐 수 있는가?

나는 하나님께서 아무 사람도 생각하지 못한 방식으로, 엘리야의 사역과 증거라는 섭리적인 방식을 통해서 "주의 길을 예비하고 또 그의 첩경을 평탄케"(마 3:3) 하는 일을 하고 계신다고 믿고 있다. 나는 하나님께서 사람들이 자랑하는 것들을, 바로 그것들을 통해서 그들을 부끄럽게 하실 것이라고 확신하고 있다. 게다가 나는 하나님께서 인간의 영광과 자랑을 꺾으실 것으로 확신한다.

신자들이 실천해야 하는 실제적인 부분이 있다. 신자들은 이 세상에 사는 동안 주 예수께서 영광 가운데 오시는 그 날의 능력과 일치를 이룰 수 없는 많은 일들에 동참할 수 있다. 그러한 것들은 우리의 소망을 둘 수 없는 것들이다. 세상을 본받는 것은 십자가가 더 이상 우리의 자랑이 아님을 공개적으로 표방하는 것이다. 진정 우리 자신을 살필 수 있기를 바란다. 내가 하는 이러한 말들이 두서없는 것들로 생각될 수 있다. 하지만 이 모든 것들은 분명 성령의 증거이다. 그렇지 않은가? 말씀으로 이 모든 것들을 시험해보라. 십자가의 엄중한 교리를 모든 사람에게 증거해보라.

이제 우리는 신자들의 눈을 주의 다시 오심에 고정시켜야 한다. 우리 영혼이 그 소망과 어우러진 모든 영광을 빼앗기지 않도록 해야 한다. 그러려면 이 세상에 근원을 두고 있는 모든 것에서 우리 마음을 돌이켜 우리의 모든 관심을 위엣 것에 두어야 한다. 진정 우리 영혼은 주의 오심을 사모하면서 기다리고 있는가?

사실 하나됨은 교회의 영광이다. 하지만 우리 자신의 이익을 확고히 하고 증진시키려는 목적으로의 하나됨은 교회의 하나됨이 아니라, 교회의 본질과 소망을 부정하는 인간적인 연맹일 뿐이다. 교회의 하나됨이란 성령이 하나 되게 하신 것을 지키는 것이며, 성령의 일들을 통해서 가능한 일이다. 그러므로 이 일은 영적인 사람들 가운데서만 온전히 이루어질 수 있다. 이러한 것이 실로 교회의 본질에 속한 특징이며, 이 사실이 현재 상태에서 신자들에게 강하게 증거될 필요가 있다.

하지만 나는 묻고 싶다. 만일 입술만의 신앙고백뿐인 교회가 세상적인 이익을 추구하고 있을진대, 과연 우리 가운데 계신 하나님의 영께서 이러한 이기적인 목적을 가진 사람들 가운데서 하나됨을 위해 일하실 것 같은가? 만일 다양한 명목상의 교회들이 각자 자신의 목적을 추구하고 있을진대, 거기엔 응답이 있을 수가 없다. 혹 그들이 공동의 이익을 추구하려는 뜻으로 연합하고자 할지라도, 우리는 거기에 속아선 안된다. 그것이 주님의 일이 아닐진대, 결코 더 나은 것일 수 없다. 우리가 고려해야만 하는 것에는 두 가지가 있다. 하나는, 과연 연합을 이루고자 하는 목적이 절대적으로 주님의 목적을 위한 것인가, 아니면 다른 목적이 있는 것인가? 만일 그 목적을 위해서 연합하려는 것이 아니라면, 그들은 결코 그 무슨 연합을 이루지 못할 것이다. 주의 백성들은 이러한 것을 신중하게 살펴보아야 한다. 다른 하나는, 우리의 행실이 우리가 목적하는 것들의 증인이 되게 해야 한다는 것이다. 만일 우리가 주의 나라의 능력으로 살고 있지 않다면, 우리는 분명 추구하는 목표에 도달하지 못할 것이다. 이 사실을 우리 마음 속에 깊이 새기도록 하자. 우리는 다만 무엇이 선한 것인지를 생각하면서, 영생을 상속하고, 우리가 가진 모든 것을 다 팔고, 우리의 십자가를 지고, 그리스도를 따르는 일을 할 뿐이다. 과연 이러한 것이 그들이 추구하는 것인가?

우리는 다음에 제시하고 있는 진리들을 늘 기억해야 한다. 즉 각 교회들이 성찬식이라고 부르는 것은, (하나님의 교회에 대한 주님의 마음을 모르고 행하기 때문에) 사실은 분열의 중심이라는 점, 그리고 사실상 그리스도와 말씀을 부정하고 있다는 점이다. "그리스도께서 어찌 나뉘었느뇨?"(고전 1:13) 우리의 불순종하는 마음이 개입되어 있는데, 과연 그리스도께서 거기에 계실 것 같은가?

그렇다면 주의 백성들은 무엇을 해야 하는가? 주님을 앙망하고, 성령의 가르침을 따라 기다리고, 하나님 아들의 영의 생명력에 의해서 그리스도의 형상을 닮도록 해야 한다. 혹 그들이 선한 목자께서 정오에 자기 양떼를 쉬게 하는 곳을 안다면, 그들로 양떼의 발자취를 따라 오게 하라. 그들로 믿음과 오래 참음으로 말미암아 약속들을 기업으로 받는 자들을 본받는 자가 되게 하고, 다음의 말씀을 기억하게 하라. "너는 증거의 말씀을 싸매며 율법을 나의 제자 중에 봉함하라 이제 야곱 집에 대하여 낯을 가리우시는 여호와를 나는 기다리며 그를 바라보리라."(사 8:16,17) 그 길이 혹 어두워보일지라도, 이사야의 다음의 말을 상기시키라. "너희 중에 여호와를 경외하며 그 종의 목소리를 청종하는 자가 누구뇨 흑암 중에 행하여 빛이 없는 자라도 여호와의 이름을 의뢰하며 자기 하나님께 의지할지어다."(사 50:10)

 누군가, 만일 당신이 이러한 것들을 다 알고 있을진대, 그렇다면 당신은 정작 무엇을 하고 있는가? 라고 물을 수가 있다. "나는 이처럼 이상하고도 무한한 결핍을 깊이 느끼고 있을 뿐만 아니라, 그에 대해서 애곡하고 애통하는 마음을 가지고 있습니다. 나는 나의 믿음의 연약함을 인식하고 있지만, 전심으로 바른 방향으로 나가고자 애쓰고 있습니다"라고 대답할 것이다. 여기서 덧붙여 말하자면, "그토록 많은 사람들이 자기 일을 구하고 자신이 정한 길을 가고자 할 때, 그 길을 기꺼이 따라가는 사람들은 아무 진보도 없고 결국 연약해질 것이며, 혹 그들이 바른 길을 벗어나지는 않기 때문에 그들의 영혼은 안전할지 모르지만, 그들의 사역은 아무런 결실을 얻지 못할 것입니다"라고 말하고 싶다.

그러므로 나는 기도한다.

"오, 이제 하나님께서 소위 오늘날이라고 부르는 동안 사역에 힘쓰는 많은 사람들에게, 하나님의 영의 임재를 주소서. 하나님이여, 그들을 졸며 자게 만드는 잠의 영을 제거해주시고, 하나님의 길로 인도하옵소서. 좁지만 생명으로 인도하는 복된 길로 행하게 하시고, 영광의 주님이 걸어가셨던 길을 따라 걷게 하소서. 하나님이여, 잠에서 깨어나게 하신 사람들로 하여금 주의 빛을 따라 걷게 하소서."

나는 진심으로 내가 이전에 한 말을 반복하고 싶다. 교회의 하나됨은 교회의 지체가 된 사람들이 공동의 목표로서, 믿음의 주님이시요 온전케 하시는 주님이 (그 믿음의 창시자요 또한 그 믿음을 완성자이신 주님이) 영광을 받으시는데 있지 않다면 결코 가능하지 않다. 주께서 다시 오시는 날, 그 영광의 광채가 빛을 발할 것이고, 이 세상의 영광은 사라질 것이다. 그러므로 "우리가 그의 죽으심을 본받아 연합한 자가" 될 때에만 교회의 하나됨이 가능하고, 하나된 마음으로 행할 수 있다. 왜냐하면 하나됨은 본질적으로, 그리스도의 죽음에 연합하는 것에서만 싹을 틔울 수 있기 때문이다. 만일 자기 백성들을 하나로 모으시는 하나님의 영께서 하나님이 정하신 목적을 위하여 그들을 모으지 않으신다면, 그리스도 안에서 예정하신 하나님의 계획은 이루어질 수 없다. 주님이 친히 "아버지께서 내 안에, 내가 아버지 안에 있는 것같이 저희도 다 하나가 되어 우리 안에 있게 하사 세상으로 아버지께서 나를 보내신 것을 믿게 하옵소서 내게 주신 영광을 내가 저희에게 주었사오니 이는 우리가 하나가 된 것같이 저희도 하나가 되게 하려 함이니이다 곧 내가 저희 안에, 아버지께서 내 안에 계셔 저희로 온전함을 이루어 하나가 되게 하려 함은 아버지께서 나를 보내신 것과 또 나를 사랑하심같이 저희도 사랑하신 것을 세상으로 알게 하려 함이로소이다"(요 17:21-23)라고 말씀하셨다.

아, 교회가 이 말씀을 중히 여기고, 그들의 현재 상태가 주의 영광을 결코 빛나게 할 수 없으며, 그들을 불러내신 목적을 이룰 수 없는 상태에 있다는 것을 볼 수만 있다면! 나는 묻고 싶다. "그대는 진정 이렇게 되기를 바라고 소망하고 있는가? 아니면 그대는 그저 편안하게 앉아서, '어차피 주님의 약속은 이루어지게 되어 있잖아요.'라고 대꾸하고 말 것인가?" 분명한 것은, 만일 우리가 "일어나라 빛을 발하라 이는 네 빛이 이르렀고 여호와의 영광이 네 위에 임하였음이니라"(사 60:1)고 말할 수 없을지라도, 우리는 "여호와의 팔이여 깨소서 깨소서 능력을 베푸소서 옛날 옛 시대에 깨신 것같이 하소서 라합을 저미시고 용을 찌르신 이가 어찌 주가 아니시니까?"(사 51:9)라고 말할 순 있어야 한다.

분명 "하나님이 자기를 사랑하는 자들을 위하여 예비하신 모든 것은 눈으로 보지 못하고 귀로도 듣지 못한" 것이다(고전 2:9). 과연 하나님께서 분열에 가담한 사람들에게 자기 영광을 주실 것 같은가? 과연 하나님께서 우리 가운데 안식할 곳을 찾으실 수 있을 것 같은가? 하나님은 분명 자기 백성을 모으실 것이며, 그들은 부끄러움을 당할 것이다.

제 4장 "하나의 몸"이 교회로 모이는 교회의 유일한 입장인가
Is the "One Body" the ground of gathering?

"에베소서 4장 4절이 말하는 '한 몸(one body)'이 과연 하나님이 정하신 교회의 입장(ground)인가?" 그에 대한 대답은 매우 간단하다. 나는 "그렇다"고 대답하고 싶다. 신령한 마음을 가진 사람은 조금만 에베소서 4장 4절의 구절과 다른 성경구절들을 살펴보아도, 그에 대한 확신을 가질 수 있다. 플리머스 형제단으로 불리는 사람들은 그리스도를 중심과 머리로 삼는 것을 교회의 중대한 원리로 삼고 있으며, 그 원리를 초대교회 시대부터 교회를 이루는 하나님의 방식으로 분별하고 있다. 나는 분별하다(intelligent)라는 단어를 사용했는데, 그 이유는 최근에 회심한 사람의 경우, 인침을 받고 몸의 지체가 되고, 그래서 몸에 참여할 자격을 가지고 있지만 그럼에도 교회에 대한 그의 지식은 온전하지 않을 수 있기 때문이다. 나는 이 부분을 속히 보여주기 위해서 몇 개의 성경본문을 인용할 것이며, 교회 원리에 대해서 가해진 공격 덕분에 모두가 유익을 얻는 시간이 될 줄로 확신하면서, 이 점을 모든 그리스도인들이 마음에 새기도록 애쓰고자 한다. 이렇게 하는 것은 항상 우리 모두에게 유익을 준다.

머리와 연합을 이룬 그리스도의 몸의 완결은 장래 영광 가운데서 이루어질 것이란 점은 확실하다. 그럼에도 성경은 시상에 있는 봄 외엔 전혀 말하고 있지 않다는 주장이 있어왔다. 하지만 내겐, 에베소서 1장 끝부분이 분명하게 몸의 머리로서 만물에 대한 그리스도의 지배권을 가르치고 있으며, 그 때에 그리스도의 몸으로서 교회가 완결되는 것이 하나님의 계획인 것으로 보인다. 따라서 그러한 주장은 너무 극단적이다. 다른 주장은 몸의 하나됨은 땅에서 이루어지는 것이 아니라, 하늘에서만 가능하다는 것이다. 이런 주장은 마태복음 13장에 있는 알곡과 가라지의 비유에서 천국과 교회를 혼동하고 있다. 이렇게 교회 안에 가라지가 함께 하는 것을 교회론으로 삼게 되면 성경적인 권징과 징계를 상실하게 된다. 왜냐하면 주님은 둘 다 추수 때까지 자라게 두라고 말씀하셨고 또한 최종적인 심판을 통해서 구분하실 것이기 때문이다.

이러한 것은 고린도전서 3장에서 말하고 있는 하나님의 집을 몸과 혼동한 결과이다. 고린도전서 3장은 몸에 대해선 전혀 언급하고 있지 않다. 성경은 하나님이 거하시는 성전에 대해 말하고 있지만, 성전의 개념 속에는 그곳에 거하시는 하나님과 연합을 이룬다는 개념이 없다. 여기서 우리는 세 가지 경우를 볼 수 있다. 한 사람이 하나님의 재료를 가지고 건축하는 일을 한다. 그는 성도이지만 나쁜 재료를 가지고 건축하는 일을 하며, 그 사람이 수고한 모든 것은 잃어버린다. 썩어질 것으로 건축한 것은 모두 태워질 것이다. 하지만 여기엔 몸에 대한 내용은 없다. 교회를 단지 자신이 구원을 받았다고 입술로 고백하는 사람들의 공동체로 정의해선 안된다. 이런 정의는 옳지 않다. 왜냐하면 사도 바울은 교회란 단어를 정의하면서, 신앙고백을 한 모든 사람들이 거짓 신자라는 사실이 밝혀지기 전까지는 참된 신앙을 가진 사람으로 간주했지만, 그럼에도 참 신자와 입술만의 신앙고백자 사이의 차별을 두고 있기 때문이다. 사도 바울은 고린도전서를 이렇게 시작하고 있다. "고린도에 있는 하나님의 교회 곧 그리스도 예수 안에서 거룩하여지고 성도라 부르심을 받은 자들과 또 각처에서 우리의 주 곧 그들과 우리의 주 되신 예수 그리스도의 이름을 부르는 모든 자들에게."(고전 1:2) 즉, 공개적인 신앙고백자와 거룩하게 된 사람을 분명히 구분하고 있으며, "그리스도 예수 안에서 거룩하여지고 성도라 부르심을 받은 자들"만을 하나님의 부르심에 의해서 고린도에 있는 교회를 구성하고 있는 것으로 말하고 있다. 고린도전서는 그 차이점을 다룬다. 사도 바울은 10장에 가서야 비로소 몸에 대해서 언급했다.

교회는 처음부터 하나의 몸으로 존재하고 있었다. 하지만 교회의 본질(its essence)은 더 중요하다. 몸의 하나됨은 오순절부터 존재하고 있었다. 교회는 바울의 사역 이전부터, 가이사랴에 살던 그 경건한 고넬료로 시작해서 이방인들이 들어오기 전에 이미 설립되었고, 바울은 하나님의 지혜에 의해서 이방인을 처음으로 받아들이는 일을 하도록 허락받지 못했다. 교회는 예루살렘에서 유대인들 가운데 시작되었다. 의심의 여지없이 유대인과 이방인의 연합은 중요하며, 특히 그 시대엔 더 중요했다. 유대인과 이방인이 함께 하는 것, 꼭 그것이 몸의 본질적인 원리 또는 몸의 하나됨의 원리는 아니었다. 본질적인 원리는 머리되신 그리스도와의 연합, 성령에 의한 연합에 있다. 그리스도와 연합을 이루는 것이 몸에 속하는 길이며, 하나됨을 이루는 길이었다. 각 그리스도인이 성령으로 인침을 받는 것이 바로 그리스도의 지체가 되는 길이다.

바울이 비밀에 대해 말하기 전까지 과연 그리스도의 몸은 존재하지 않았던 것일까? 만일 우리가 몸의 존재와 그 몸의 비밀을 아는 지식 사이에서 일으킨 혼동을 일으킨다면, 비밀을 아는 지식이 없다면 그리스도의 몸은 존재하지 않는 것이 된다. 수많은 사람들이 몸의 하나됨의 교제 속으로 들어왔고, 그들은 아는 것이 별로 없었지만, 그럼에도 성령의 인침을 받은 증거로 아바 아버지라 부르짖었으며, 그리고 나서 비밀(the mystery)이 무엇인지를 배웠다. 그들이 그 비밀에 대해서 알고 싶어 하고, 또 자신들이 들어간 자리가 무엇인지 알고 싶어 하는 것은 상당히 바람직한 일이다. 어쨌든 교회의 하나됨을 실현하기 위해서 교회로 모이는 방식이 있다. 만일 이 외에 다른 원리로 모일 수 있다는 것은, 흔히 표현하듯, 별개의 것이 되는 것을 의미한다.

우리는 하나의 교회처럼 모일 순 없다. 왜냐하면 우리 외에도 허다한 그리스도인들이 밖에 있기 때문이다. 하지만 우리는 하나됨의 원리로 모일 순 있다. 이 원리를 따르는 것이 지상에 있는 전체 몸이 하나가 되는 길이다. 새로운 신자가 들어온다는 것은 처음부터 존재해온 하나됨 안으로 들어오는 것이며, 거기엔 의심의 여지가 없다.

이로써 우리는 할 수 있는 대로 하나됨을 실현하고자 노력한다. 나는 이렇게 말하는 것이, 거룩함이 하나님의 집에 합당하다는 원리로 모이는 방법이라고 생각한다. 성령에 의해서 머리와 연합을 이루는 것이 유일한 연합을 이루게 해주는 끈이지만, 몸의 하나됨을 이루는 길은 우리 모두가 서로 지체가 되는데 있다. 우리는 그렇게 모인 성도들이 초대교회 시대부터 그리스도의 몸이었으며, 서로 지체가 되고, 그렇게 모두가 지상에서 하나됨을 이루고 있었으며, 우리 또한 그 하나됨을 실현하려는 확신을 가지고 만나야 한다.

성경이 말하는 교회는 거룩히 구별된 사람들, 성화된 사람들, 성도라 불리는 사람들, 그리스도 예수 안에서 거룩하여 진 사람들로 구성되며, 그 원리에 기초해서 모든 성도가 하나의 몸을 이루며, 우리는 할 수 있는 한 최선을 다해서 하나됨을 실현시키고자 노력한다. 교회로 모이는 원리 또는 교회의 입장(ground)이란 모든 성도는 그리스도 안에서 하나이며, 그러한 사람들이 지상에서 하나의 하나님의 교회를 이루는 것이다. 그리스도인들은 이 원리를 오랜 동안 상실했다가 회복했다. 따라서 우리는 이것을 굳게 붙잡아야 한다.

이제 나는 과연 성경이 우리에게 제시하고 있는 지상에 있는 하나의 몸, 하늘로서 보내심을 받은 성령에 의해서 하늘에 있는 머리와 연합을 이루고 있는 그리스도의 몸으로서 지상에 형성된 교회가 무엇인지를 설명하고자 한다. 독자들은 고린도전서 12장 12절부터 31절까지를 읽어보기 바란다. 사람이 자신의 감각으로 지상에 있는 그리스도의 몸을 인식한다는 것은 절대적으로 불가능하다. 사도 바울은 그리스도의 몸을 우리의 몸과 비교했다. 우리는 몸과 지체들을 가지고 있다. 그리고 몸은 하나이지만 많은 지체가 있고 또 몸의 지체가 많으나 한 몸이다. 몸은 한 지체뿐만 아니요 여럿이다. 우리는 한 성령을 통해서, 한 몸 안으로 세례를 받았다. 이제 이 몸은 지상에 있다.

하늘로서 오신 성령님에 의해서 지상에 형성된 하나의 몸이 있으며, "그리스도도 그러하니라"는 말씀을 볼 때

이 몸은 지상에서 얼마든지 인식가능한 것이어야 한다. "떡이 하나요 많은 우리가 한 몸이니 이는 우리가 다 한 떡에 참여함이라." 동일한 원리를 로마서 12장에 나타난 진리를 통해서 확인할 수 있다. "우리가 한 몸에 많은 지체를 가졌으나 모든 지체가 같은 기능을 가진 것이 아니니 이와 같이 우리 많은 사람이 그리스도 안에서 한 몸이 되어 서로 지체가 되었느니라."(4,5절) 이어지는 내용은 지금 여기 지상에 있는 성도들에게 적용된다.

반면 에베소서 3장 10절은 각종 지혜가 이방인들도 공동의 몸을 이루고 있는 교회를 통해서 하늘에 있는 정사들과 권세들에게 알려지고 있음을 말해준다. 이제 에베소서 4장을 보자. 이 구절은 성령의 하나 되게 하신 것을 힘써 지키라는 권면이다. 이 구절에 따르면, 우리는 부르심의 한 소망 안에서 부르심을 받았다. 다시 말해서 *그 부르심의 소망이란 위에 계신 그리스도와 함께 하는 영광에 들어가는 것이다.* 확실히, 그것이 아니라면, 소망을 포기하는 것이 될 것이다. "몸이 하나이요 성령도 한 분"이라는 사실은 우리가 부르심을 받았을 때 우리의 소망이었고, (이는 우리가 소망으로 구원을 받았기 때문이다) 그것을 여전히 소망으로 간직하고 있다. 믿음도 하나이요 세례도 하나인 것처럼 소망도 하나인 것이다.

우선적으로 강조하고 싶은 부분은, 그리스도께서는 흩어진 하나님의 자녀들을 하나로 모으고자 자신을 주셨다는 것이다. 지금 나는 이렇게 흩어진 상태를 하나의 몸을 이루고 있는 것으로 도무지 인정할 수 없다. 사도 요한은 몸에 대해 말한 적이 없다. 그럼에도 하나됨이 있고, 그 하나됨은 바로 여기 이 땅에 있다. 흩어진 하나님의 자녀들은 장래 하늘에서 하나됨을 이룰 것이다. 여기 이 땅에서 흩어진 상태가 그 사실에 영향을 주는 것은 아니다. 하늘에선 흩어지는 일이 없을 것이다. 그럼에도 여기 이 땅에서 하나님의 자녀들이 흩어진 상태에 있기에, 하나로 모여야 하는 것이다.

이 본문은 하늘에 있는 교회와 땅에 있는 교회 사이의 차이점이 무엇이며, 참 교회에 속한 거룩성과 전체 기독교계의 멸망을 주목하도록 나를 이끌어주었다. 나는 성경을 통해서 하나님의 말씀이 지상에 있는 몸에 대해 말하고 있으며, 그 몸의 하나됨도 지상에 있고, 그 몸의 지체들은 그리스도의 지체들[3]이며, 또한 서로에게 지체가 된다는 사실을 말하고 있음을 확실하게 제시해왔다. 여기서 조금 더 생각해보자면, 미리 예고된 것이지만, 지상에 있는 교회는 폐허상태가 되었고, 하나님이 설립하신 것에 따른 복은 사람의 책임완수 여부에 놓이게 되었으며, 두 사람이 믿음으로 따로 모이는 것은 교회에 대한 성경적 개념을 무너뜨리는 것이 아닐뿐더러, 개인적으로 그리고 단체적으로 거룩에 합당해야 하는 하나님의 원리와도 조화를 이룬다는 것을 볼 수 있다.

우리의 부르심은 하늘에 있고, 우리의 소망도 하늘에 있으며, 우리 행실의 표준도 하늘에 있다. 이것은 완전성 화론자들의 어리석은 사상과는 아무 관계가 없다. 여기 이 땅에서 성취할 목표도, 도달해야 하는 경지도 없다. 그들은 로마서 8장에서 말하는 영적 해방을 완전(完全)으로 생각한다. 그리스도인은 오직 영광 중에 계신 그리스도 외에는, 도달해야하는 무슨 목표가 없다. 만일 충성스러운 그리스도인이라면 오직 한 가지 일, 즉 그리스도를 얻고자 경주할 것이며, 어찌하든지 첫째 부활에 참여하고자 할 것이다. 이 일은 효과를 창출해낸다.

  이 효과가 계속해서 작동하는 한, 이 땅에서 그리스도처럼 행하는 삶을 경주할 것이다. 신자의 시민권은 (그리스도와의 연합 덕분에) 하늘에 있다. 이러한 신자는 그리스도께서 자신의 몸을 변화시키실 것과 그리스도의 영광스러운 몸과 같이 변화될 것을 소망한다. 그러므로 우리는 바울과 함께 끝까지 "내가 이미 얻었다 함도 아니요 온전히 이루었다 함도 아니라"는 마음으로, 다만 우리가 이룬 것이 얼마나 부족한 것인지를 고백할 뿐이다. 그리스도를 가장 잘 아는 사람은 자신이 이룬 것이 얼마나 미미한 것인지를 가장 잘 아는 사람이다. 성장의 길을 가는 사람은 그리스도의 영광스러운 모습과 자신이 거기에 얼마나 미치지 못하는지를 더욱 선명하게 보게 될 것이다. 다른 목표는 없다. 다른 수단이나 방법도 없다. 우리는 그 아들의 형상을 본받도록 예정을 입었으며, 이를 위해서 그리스도는 많은 형제들 가운데 맏아들이 되셨다.

"거룩하게 하시는 이와 거룩하게 함을 입은 자들이 다 한 근원에서"(히 2:11) 났기 때문이다.

이렇게 영화롭게 되신 그리스도를 아는 지식은 거룩을 이루게 하는 능력이신 성령에 의해서만 알 수 있다. 나는 앞으로 이것을 성경을 통해서 제시할 것이다. 하나님은 우리로 하여금 하나님의 거룩하심에 참여하도록 우리를 징계하는 일을 하신다(히 12:10). 따라서 참으로 놀라운 성경구절인 데살로니가전서 3장 12,13절을 보자. "또 주께서 우리가 너희를 사랑함과 같이 너희도 피차간과 모든 사람에 대한 사랑이 더욱 많아 넘치게 하사 너희 마음을 굳건하게 하시고 우리 주 예수께서 그의 모든 성도와 함께 강림하실 때에 하나님 우리 아버지 앞에서 거룩함에 흠이 없게 하시기를 원하노라." 과연 여기에 현재 우리의 상태와 장래 하나님 아버지 앞에서 우리의 신분에 있어서 차이점이 있는가? 우리가 이 사실을 제대로 인식하지 못하고 있다면, 이것은 또 다른 중요한 문제를 일으킬 것이다. 사실 신분과 상태는 동일하다. 하나님의 이름을 찬양하자. 오히려 그 둘은 하나이다. 이 구절에 담긴

진실은 우리 영혼에 성령께서 역사하셔서 그리스도의 계시를 보여주실 때에만 볼 수 있다. 그것도 지금 영광 중에 계신 그리스도를 보여주심으로써만 가능하다. 따라서 그리스도는 "또 그들을 위하여 내가 나를 거룩하게 하오니 [즉 나를 하늘에서 영화롭게 된 사람으로 따로 구별하오니] 이는 그들도 진리로 거룩함을 얻게 하려 함이니이다"(요 17:19)라고 말씀하셨다. 이것은 분명한 사실이다.

"사랑하는 자들아 우리가 지금은 하나님의 자녀라 장래에 어떻게 될지는 아직 나타나지 아니하였으나 그가 나타나시면 우리가 그와 같을 줄을 아는 것은 그의 참 모습 그대로 볼 것이기 때문이니 주를 향하여 이 소망을 가진 자마다 그의 깨끗하심과 같이 자기를 깨끗하게 하느니라."(요일 3:2,3) 그리고 고린도후서 3장 18절을 보자. "우리가 다 수건을 벗은 얼굴로 [모세의 얼굴을 가린 수건을 벗고서] 거울을 보는 것 같이 주의 영광을 보매 그와 같은 형상으로 변화하여 영광에서 영광에 이르니 곧 주의 영으로 말미암음이니라."(고후 3:18) 이 모든 것은 선명하다. 두 종류의 거룩이 있는 것이 아니다. 우리 가운데 어느 누구도 우리가 이미 얻었다고 말할 수 없다. 다만 우리의 시민권은 하늘에 있다. 우리가 땅에 속한 자의 형상을 입은 것 같이, 장차 하늘에 속한 자의 형상을 입을 것이다. 우리가 추구해야 할 다른 목표는 없다. 우리의 목표는 머리이신 그리스도에게까지 자라는 것이며, 그리스도의 장성한 분량이 충만한 데까지 이르는 것이다.

"하지만 이건 개인적인 일이다"라고 말할 것이다. 나도 그것을 인정한다. 나는 이 구절을 이 세상에서 우리의 책임 있는 상태에 대해 하나님이 우리를 다루시는 원리가 무엇인지를 보여주고자 인용했다. 신의 성품에 참여한 자가 되고, 부활하시고 영화롭게 되신 그리스도를 우리의 생명으로 삼고, 성령에 의해서 이렇게 영화롭게 되신 그리스도를 계시로 받아들인 사람은 영화롭게 되신 그리스도 외에는 그 무엇도 우리가 도달해야 할 목표로 삼을 수 없다. 신성한 위격을 가지신 존재로서 자신을 "하늘에 있는 인자로" 말씀하실 수 있으셨던 그리스도를 우리의 생명으로 삼고, 또 이 땅에 사셨던 그리스도의 삶을 그리스도 안에서 우리의 삶으로 온전히 받아들인 우리는 이제 (영광 중에 계신 그리스도와 연합을 이루었고, 그리스도 안에서 하늘에 앉아 있으며, 사람이 눈으로 보지 못하고 귀로 듣지 못하고 사람의 마음으로 생각하지도 못하였던 것을 성령님의 계시로 받았기에) 거룩한 정서와 거룩의 영을 가지게 되었고, 자기 부인이 가능해지고, 여기 이 땅에서 거룩한 행실과 거룩한 삶을 살고픈 동기와 목표로서 영광 중에 계신 그리스도를 바라보면서 하늘에 계신 그리스도와 실제적인 교감을 나눈다. 따라서 자신이 그리스도 안에 있는 지라고 말하는 사람은 그리스도께서 행하셨던 대로 자기도 행해야 한다(요일 2:6).

하나님은 교회에 대해서 이렇게 말씀하셨다. "그리스도께서 교회를 사랑하시고 그 교회를 위하여 자신을 주심 같이 하라 이는 곧 물로 씻어 말씀으로 깨끗하게 하사 거룩하게 하시고 자기 앞에 영광스러운 교회로 세우사 티나 주름 잡힌 것이나 이런 것들이 없이 거룩하고 흠이 없게 하려 하심이라."(엡 5:25,27) 이 구절은 교회 지체들을 대상으로 하는 말씀이며, 또한 지체들에게서 개인적으로 일어나는 일이긴 하지만, 그럼에도 단체적인 일이다.

그리스도께서 사랑하신 것은 교회이며, 교회는 흠이 없이 그리스도 앞에 영광스러운 교회로 세워지게 될 것이다. 그리스도께서 사랑하시고 또 위하여 자신을 주신 것은 교회이며, 그리스도 자신에 의해서 티나 주름 잡힌 것이 없이 영광스러운 모습으로 세워지는 것, 또한 교회이다. 바로 교회가 그리스도께서 지금 이 땅에서 말씀으로 거룩하게 하시는 대상이다.

여기선 교회를 그리스도의 몸으로 부르는 것은 없지만, 우리로 하여금 머리되신 그리스도에게까지 자라가도록 교훈하고 있다. 16절은 구체적으로 은혜 가운데 작용하는 현재적인 사역을 언급하면서, 각 지체의 분량대로 역사하는 효과적인 작용을 통해서 몸의 성장에 대해서 말하고 있다. 따라서 그리스도를 머리로 삼은 몸은 이 땅에서 그 몸이 자라고 사랑 안에서 세워지는 일로부터 구분될 수가 없으며, 전체 몸은 이 땅에서 덕 세움을 입고 또한 계속 자라는 몸이다. 오직 하나의 몸이 있다. 성경의 가르침 가운데 이보다 더 구체적이고, 긍정적이고, 공식적인 것이 있을 수 없다.

지역교회는 하나님이 소유하신 교회이며, 성경이 말하는 각 지역교회의 지체들은 단순한 신앙고백자들이 아니라, 그리스도 앞에 흠이 없이 서게 될 사람들이다. 고린도 교회는 모든 행실에서 비난을 받고, 너무도 나쁜 영적 상태 때문에 사도 바울이 더 이상 교훈을 할 수 없는 상태에 있었지만, 그럼에도 바울은 "너희가 모든 은사에 부족함이 없이 우리 주 예수 그리스도의 나타나심을 기다림이라 주께서 너희를 우리 주 예수 그리스도의 날에 책망할 것이 없는 자로 끝까지 견고하게 하시리라 너희를 불러 그의 아들 예수 그리스도 우리 주와 더불어 교제하게 하시는 하나님은 미쁘시도다"(고전 1:7-9)라고 말했다. 그러한 것이 그들이 부르심을 받은 현재적인 부르심이었고, 그러한 것이 그들의 최종적인 상태였다.

그렇지만 하나님이 지금 하시는 일이 있다. 그것은 그리스도를 교회의 머리로 삼고, 교회를 그의 몸으로 삼는 것이며, 이것은 장차 하나님 은혜의 지극히 풍성함을 보여주는 일이 될 것이다.

하나님의 말씀은 너무도 선명하며, 성령님께서 계시해 주시고 분별력 있게 해주신 것과 앞으로 우리 속에 계시해주실 것 사이의 동질성은 기독교의 핵심적인 본질을 이루며, 게다가 성경의 말씀도 총체적으로 그것과 조화를 이룬다. 그래서 "우리가 소망으로 구원을 얻었으매"(롬 8:24)라는 구절과 "이제도 보지 못하나 믿고 말할 수 없는 영광스러운 즐거움으로 기뻐하니 믿음의 결국 곧 영혼의 구원을 받음이라"(벧전 1:8,9)는 구절은 일맥상통한다.

입술만의 신앙고백자들의 교회는 성경이 말하는 대로의 구원을 받은 사람들의 모임이 하나님의 교회인 것을 부인한다. 하나님은 그러한 입술뿐인 신앙고백자들을 교회로 받아 주지 않으신다. 이것은 성경이 명백히 말하고 있는 바이다. 이 사실을 부정하는 것은, 신성모독으로 가는 지름길이다. 신앙고백자들 모두를 교회의 지체로 인정하는 교회 시스템은 그리스도인의 책임을 부정하며, 그러한 고백자들로 이루어진 교회는 그들의 불신앙 때문에 심판의 대상이다. 그러한 교회는 거룩의 본질을 왜곡시키며, 그리스도와 교회의 현재적인 관계도 훼손시킨다. 거기엔 "오시옵소서!"라는 신부의 외침이 없다. 데살로니가 교회와 같은 거룩한 모습 또는 요한일서 3장 2절에서 말하고 있는 "우리가 그와 같을 줄을 아는 것은 그의 참 모습 그대로 볼 것이기 때문이니 주를 향하여 이 소망을 가진 자마다 그의 깨끗하심과 같이 자기를 깨끗하게 하느니라"에 나타난 자기를 깨끗하게 하는 순결성도 없다. 만일 자신이 속한 교회가 입술만의 신앙고백자들의 교회가 되었다면, 깨끗한 마음으로 주의 이름을 부르는 사람들을 찾아 그들과 함께 해야 한다.

나는 이 소책자에 대한 답변을 하고자 하는 뜻은 없었지만, 과연 성경이 말하는 교회의 참 특징이 무엇이며, 믿음으로 붙잡아야 하는 교회의 정체성이 무엇인지를

(교회는 절대 확실한 하나님의 은혜 아래 있지만, 그럼에도 이 땅에서는 사람의 책임이 개입되어 있다. 그럼에도 교회는 하늘에서는 신부이다) 밝힐 수 있는 기회라 생각했기에 이 글을 썼다. 그리스도인은 이 사실을 인지해야 할 뿐만 아니라 이 사실을 기반으로 해서 행동해야 한다. 게다가 우리가 알아야 할 사실은, 현재적인 개인의 거룩과 장차 영광 가운데 나타나게 될 거룩은 서로 분리될 수 없다는 점이다. 모든 것이 하늘에 있으며, 그 하늘에 있는 것이 지금 땅으로 내려오는 것이다. 우리는 성령의 역사에 의해서 지금 하늘에서 새로운 피조물이 되었다. 따라서 우리는 그 새로운 피조물의 기준에 따라서 삶을 살아야 하며, 더불어 성령의 하나 되게 하신 것을 힘써 지켜야 한다.

내가 믿는 바로는, 하나님 앞에서 겸손하기만 하면 우리는 하나님의 그 거룩한 증거를 이전보다 더욱 유지하는 은혜를 입을 수 있다. 교회 진리를 따라서 모일 수 있는 것은, 우리를 그렇게 모으시는 능력이신 성령의 역사 때문이다. 그렇게 모이는 중심은, (성경의 특정 교리도,

지도자인 특정 인물도 아니라) 오로지 그리스도이시다. 성령의 능력과 그리스도, 바로 이 두 가지 요소가 모든 성도들을 하나로 모으는 핵심 사안이다. 교회의 황폐화 시대를 살아가는 우리는 오로지 이 두 가지 원리를 따라서만 교회로 모일 수 있다.

J.N.D.

형제들의 집 도서 안내

1. 조지 뮐러 영성의 비밀
   조지 뮐러 지음/이종수 옮김/값 1,000원
2. 수백만을 감동시킨 사람을 감동시킨 바로 그 사람: 헨리 무어하우스
   존 A. 비올리 지음/이종수 옮김/값 1,000원
3. 내 영혼의 만족의 노래
   W.T.P 월스톤 지음/이종수 옮김/값 1,000원
4. 모든 일을 하나님의 영광을 위하여 하라
   해리 아이언사이드 지음/이종수 옮김/값 1,000원
5. 잃어버린 영혼을 위해서 어떻게 기도해야 하는가
   오스왈드 샌더스, 찰스 스펄전 지음/이종수 옮김/값 1,000원
6. 윌리암 켈리의 칭의의 은혜(개정판)
   윌리암 켈리 지음/이종수 옮김/값 6,000원
7. 이것이 거듭남이다(개정판)
   알프레드 깁스 지음/이종수 옮김/값 9,000원
8. 존 넬슨 다비의 영성있는 복음
   존 넬슨 다비 지음/이종수 옮김/값 5,000원
9. 로버트 클리버 채프만의 사랑의 영성(개정판)
   로버트 C. 채프만 지음/이종수 옮김/값 7,000원
10. 영성을 깊게 하는 레위기 묵상
    C.H. 매킨토시 외 지음/이종수 옮김/값 5,000원
11. 존 넬슨 다비의 성경주석: 빌립보서
    존 넬슨 다비 지음/이종수 옮김/값 5,000원
12. 존 넬슨 다비의 히브리서 묵상(개정판)
    존 넬슨 다비 지음/정병은 옮김/값 11,000원
13. 조지 커팅의 영적 자유
    조지 커팅 지음/이종수 옮김/값 4,000원
14. 윌리암 켈리의 해방의 체험(개정판)
    윌리암 켈리 지음/이종수 옮김/값 4,500원
15. 존 넬슨 다비의 성경주석: 골로새서(개정판)
    존 넬슨 다비 지음/이종수 옮김/값 8,000원
16. 구원 얻는 기도
    이종수 지음/값 5,000원
17. 영혼의 성화
    프랭크 빈포드 호올 지음/이종수 옮김/값 1,000원
18. 당신은 진짜 거듭났는가?
    아더 핑크 지음/박선희 옮김/값 4,500원
19. C.H. 매킨토시의 완전한 구원(개정판)
    C.H. 매킨토시 지음/이종수 옮김/값 5,500원
20. 존 넬슨 다비의 하나님의 뜻을 분별하는 법
    존 넬슨 다비 지음/이종수 옮김/값 1,000원
21. 존 넬슨 다비의 성경주석: 요한계시록
    존 넬슨 다비 지음/이종수 옮김/값 10,000원

22. 주 안에 거하라
해밀턴 스미스, 허드슨 테일러 지음/이종수 옮김/ 값 1,000원
23. C.H. 매킨토시의 하나님의 선물
C.H. 매킨토시 지음/이종수 옮김/값 4,000원
24. 존 넬슨 다비의 성경주석: 에베소서
존 넬슨 다비 지음/이종수 옮김/값 8,000원
25. 존 넬슨 다비의 영적 해방
존 넬슨 다비 지음/문영권 옮김/값 7,000원
26. 건강하고 행복한 그리스도인이 되는 법
어거스트 반 린, J. 드와이트 펜테코스트 지음/ 값 1,000원
27. 존 넬슨 다비의 성경주석: 로마서
존 넬슨 다비 지음/문영권 옮김/값 12,000원
28. 존 넬슨 다비의 성화의 길
존 넬슨 다비 지음/이종수 옮김/값 4,500원
29. 기독교 신앙에 회의적인 사랑하는 나의 친구에게
로버트 A. 래이드로 지음/박선희 옮김/값 5,000원
30. 체험을 위한 성령의 내주, 그리고 충만
조지 커팅 지음/이종수 옮김/값 4,500원
31. 존 넬슨 다비의 성경주석: 갈라디아서
존 넬슨 다비 지음/이종수 옮김/값 4,800원
32. 존 넬슨 다비의 성경주석: 요한서신서 · 유다서
존 넬슨 다비 지음/문영권 옮김/값 8,000원
33. 존 넬슨 다비의 성경주석: 데살로니가전 · 후서
존 넬슨 다비 지음/이종수 옮김/값 8,000원
34. 그리스도와의 연합과 구원(성경공부교재)
문영권 지음/값 2,500원
35. 그리스도와의 연합과 성화(성경공부교재)
문영권 지음/값 3,000원
36. 사도라 불린 영적 거장들
이종수 지음/값 7,000원
37. 당신은 진짜 하나님을 신뢰하는가(개정판)
조지 뮬러 지음/ 이종수 옮김/값 5,500원
38. 그리스도와 연합된 천상적 교회가 가진 영광스러운 교회의 소망
존 넬슨 다비 지음/ 문영권 옮김/ 값 13,000원
39. 가나안 영적 전쟁과 하나님의 전신갑주
존 넬슨 다비 지음/ 이종수 옮김/ 값 2,000원
40. 죄 사함, 칭의 그리고 성화의 진리
고든 헨리 해이호우 지음/ 이종수 옮김/ 값 2,000원
41. 이것이 그리스도의 심판대이다
이종수 엮음/ 값 8,000원
42. 존 넬슨 다비의 성경주석: 마태복음
존 넬슨 다비 지음/이종수 옮김/값 16,000원

43. C.H. 매킨토시의 하나님에 관한 진실
C.H. 매킨토시 지음/이종수 옮김/값 1,000원
44. 존 넬슨 다비의 성경주석: 여호수아
존 넬슨 다비 지음/문영권 옮김/값 8,000원
45. 찰스 스탠리의 당신의 남편은 누구인가
찰스 스탠리 지음/이종수 옮김/값 4,000원
46. 존 넬슨 다비의 성령론
존 넬슨 다비 지음/이종수 옮김/값 13,000원
47. 존 넬슨 다비의 영적 해방의 실제
존 넬슨 다비 지음/이종수 옮김/값 5,000원
48. 존 넬슨 다비의 주요사상연구: 다비와 친구되기
문영권 지음/값 5,000원
49. 존 넬슨 다비의 죽음 이후 영혼의 상태
존 넬슨 다비 지음/이종수 옮김/값 5,000원
50. 신학자 존 넬슨 다비 평전
이종수 지음/ 값 7,000원
51. 존 넬슨 다비의 요한복음 묵상
존 넬슨 다비 지음/이종수 옮김/값 8,000원
52. 프레드릭 W. 그랜트의 영적 해방이란 무엇인가
프레드릭 W. 그랜트 지음/이종수 옮김/값 4,500원
53. 홍해와 요단강을 통해서 나타난 하나님의 구원
윌리암 켈리 지음/ 이종수 옮김/ 값 4,800원
54. 그리스도와의 연합을 위한 성령의 역사
윌리암 켈리 지음/ 이종수 옮김/ 값 19,000원
55. 누가, 그리스도인인가?
시드니 롱 제이콥 지음/ 박영민 옮김/ 값 7,000원
56. 선교사가 결코 쓰지 않은 편지
프레드릭 L. 코신 지음 / 이종수 옮김/ 값 9,000원
57. 사랑의 영성으로 성자의 삶을 살다간 로버트 채프만
프랭크 홈즈 지음 / 이종수 옮김/ 값 8,500원
58. 므비보셋, 룻, 그리고 욥 이야기
찰스 스탠리 지음 / 이종수 옮김/ 값 7,500원
59. 구원의 근본 진리
에드워드 데넷 지음 / 이종수 옮김/ 값 6,500원
60. 회복된 진리, 6+1
에드워드 데넷 지음/ 이종수 옮김/ 값 6,000원
61. 당신의 상상보다 더 큰 구원
프랭크 빈포드 호올 지음/ 이종수 옮김/ 값 6,500원
62. 뿌리 깊은 영성의 그리스도인으로 사는 법
찰스 앤드류 코우츠 지음/ 이종수 옮김/ 값 9,000원
63. 천국의 비밀 : 천국, 하나님 나라, 그리고 교회의 차이
프레드릭 W. 그랜트 & 아달펠트 P. 세실 지음/이종수 옮김/ 값 7,000원

64. 존 넬슨 다비의 성경주석: 베드로전·후서
존 넬슨 다비 지음/장세학 옮김/ 값 7,500원
65. 존 넬슨 다비의 영광스러운 구원
존 넬슨 다비 지음/이종수 엮음/ 값 15,000원
66. 어린양의 신부
W.T.P. 월스톤 & 해밀턴 스미스 지음/ 박선희 옮김/ 값 10,000원
67. 성경에서 말하는 회심
C.H. 매킨토시 지음/ 이종수 옮김/ 값 9,000원
68. 십자가에서 천년통치에 이르는 그리스도의 길
존 R. 칼드웰 지음/ 이종수 옮김/ 값 7,500원
69. 그리스도와의 연합이란 무엇인가?
에드워드 데넷 지음/ 이종수 옮김/ 값 9,000원
70. 하늘의 부르심 vs. 교회의 부르심
존 기포드 벨렛 지음/ 이종수 옮김/ 값 16,000원
71. 당신은 진짜 새로운 피조물인가
존 넬슨 다비 외 지음/ 이종수 옮김/ 값 12,000원
72. 플리머스 형제단 이야기
앤드류 밀러 지음/ 이종수 옮김/ 값 14,000원
73. 바울의 복음, 그리스도의 영광의 복음
존 기포드 벨렛 지음/ 이종수 옮김/ 값 9,000원
74. 악과 고통, 그리고 시련의 문제
이종수 지음/ 값 9,000원
75. 요한계시록 일곱 교회를 향한 예언 메시지
존 넬슨 다비 지음/이종수 옮김/ 값 18,000원
76. 영광스러운 구원, 이렇게 받는가
존 넬슨 다비 지음/이종수 엮음/ 값 13,000원
77. 영광스러운 교회의 길
존 넬슨 다비 지음/이종수 엮음/ 값 22,000원
78. 존 넬슨 다비의 성경주석: 디모데전후서, 디도서, 빌레몬서
존 넬슨 다비 지음/이종수 옮김/ 값 15,000원
79. 성경을 아는 지식
존 넬슨 다비 지음/이종수 엮음/ 값 18,500원
80. 십자가의 도
존 넬슨 다비 지음/이종수 엮음/ 값 13,500원
81. 존 넬슨 다비의 성경주석: 고린도전후서
존 넬슨 다비 지음/이종수 옮김/값 18,500원
82. 존 넬슨 다비의 성경주석: 사도행전
존 넬슨 다비 지음/이종수 옮김/값 17,000원
83. 그리스도와의 연합을 위한 사도 바울의 기도
존 넬슨 다비 지음/이종수 엮음/값 10,000원
84. 빌라델비아 교회의 길
해밀턴 스미스 지음/이종수 옮김/값 10,000원

85. 무명한 자 같으나 유명한 존 넬슨 다비 전기
윌리암 터너, 에드윈 크로스 지음/이종수 옮김/값 12,000원
86. 성경의 핵심용어 해설
데이빗 구딩, 존 레녹스 지음/허성훈 옮김/값 9,000원
87. 존 넬슨 다비의 성경주석: 히브리서, 야고보서
존 넬슨 다비 지음/이종수 옮김/값 17,500원
88. 존 넬슨 다비의 성경주석: 요한복음
존 넬슨 다비 지음/이종수 옮김/값 17,000원
89. 신부의 노래
해밀턴 스미스 지음/이종수 옮김/값 10,000원
90. 에클레시아의 비밀
해밀턴 스미스 지음/이종수 옮김/값 10,000원
91. 존 넬슨 다비의 성경주석: 누가복음
존 넬슨 다비 지음/이종수 옮김/값 13,500원
92. 예수 그리스도를 따라 맨 밑바닥까지 내려가는 아름다움
조지 위그램 지음/이종수 옮김/값 7,000원
93. 존 넬슨 다비의 성경주석: 마가복음
존 넬슨 다비 지음/이종수 옮김/값 8,000원
94. 죄 사함과 죄로부터의 완전한 자유
조지 커팅 지음/이종수 옮김/값 7,000원
95. 성령의 성화
윌리암 켈리 지음/이종수 옮김/값 6,500원
96. 하나님의 義란 무엇인가
윌리암 켈리 지음/이종수 옮김/값 9,000원
97. 길이요 진리요 생명이신 그리스도
윌리암 켈리 지음/이종수 옮김/값 6,500원
98. 보혜사 성령
W.T.P. 월스톤 지음/이종수 옮김/값 24,000원
99. 존 넬슨 다비의 성경주석: 창세기
존 넬슨 다비 지음/이종수 옮김/값 8,600원
100. 존 넬슨 다비의 성경주석: 이사야
존 넬슨 다비 지음/이종수 옮김/값 9,400원
101. "그리스도와의 하나됨"을 통한 동일시의 진리란 무엇인가
클라이드 필킹턴 주니어 책임편집/이종수 엮음/값 9,000원
102. 존 넬슨 다비의 성경주석: 다니엘
존 넬슨 다비 지음/이종수 옮김/값 8,000원
103. 그리스도와의 하나됨을 통한 "양자 삼음의 진리"란 무엇인가
클라이드 필킹턴 주니어 책임편집/이종수 엮음/값 11,000원
104. 순례자의 노래
존 넬슨 다비 지음/문영권 옮김/값 12,000원
105. 존 넬슨 다비의 성경주석: 에스겔
존 넬슨 다비 지음/이종수 옮김/값 8,800원

106. 성경공부교재 제1권 거듭남의 진리
  이종수 지음/ 값 5,000원
107. 존 넬슨 다비의 성경주석: 잠언, 전도서, 아가서
  존 넬슨 다비 지음/이종수 옮김/값 5,000원
108. 성경공부교재 제2권 죄사함의 진리
  이종수 지음/ 값 6,500원
109. 최고의 영광으로의 부르심
  클라이드 필킹턴 주니어 편집/이종수 엮음/값 9,000원
110. 존 넬슨 다비의 성경주석: 예레미야, 예레미야애가
  존 넬슨 다비 지음/이종수 옮김/값 9,000원
111. 존 넬슨 다비의 새번역 신약성경(다비역 성경)
  존 넬슨 다비 지음/이종수 옮김/값 35,000원
112. 존 넬슨 다비의 성경주석: 소선지서
  존 넬슨 다비 지음/이종수 옮김/값 20,000원
113. 삼층천의 비밀
  클라이드 필킹턴 주니어 책임편집/이종수 엮음/값 17,000원
114. 존 넬슨 다비의 침례의 더 깊은 의미
  존 넬슨 다비 지음/이종수 옮김/값 8,000원
115. 존 넬슨 다비의 성경주석: 시편(상)
  존 넬슨 다비 지음/이종수 옮김/값 13,000원
116. 존 넬슨 다비의 성경주석: 시편(하)
  존 넬슨 다비 지음/이종수 옮김/값 14,000원
117. 여자의 너울에 대한 교회사의 증언
  이종수 엮음/값 10,000원
118. 사랑하시는 자 안에서 우리를 열납해주신 하나님의 은혜의 영광
  찰스 웰지 시음/이종수 옮김/값 10,000원
119. 존 넬슨 다비의 천국의 경륜이란 무엇인가
  존 넬슨 다비 지음/이종수 옮김/값 10,000원
120. 존 넬슨 다비의 아버지와 그의 아들 예수 그리스도와 더불어 누리는 사귐
  존 넬슨 다비 지음/이종수 옮김/값 8,000원
121. 존 넬슨 다비의 성경주석: 출애굽기
  존 넬슨 다비 지음/이종수 옮김/값 9,000원
122. 헨리 무어하우스의 은혜의 영성
  헨리 무어하우스 지음/이종수 옮김/값 15,000원
123. 존 넬슨 다비의 성경주석: 레위기
  존 넬슨 다비 지음/이종수 옮김/값 14,000원
124. 죽은 자 가운데서 부활이란 무엇인가
  클라이드 필킹턴 주니어 책임편집/이종수 옮김/값 7,000원
125. 존 넬슨 다비의 성경주석: 민수기
  존 넬슨 다비 지음/이종수 옮김/값 9,000원
126. 존 넬슨 다비의 교회의 황폐화란 무엇인가
  존 넬슨 다비 지음/이종수 옮김/값 11,000원

☆그리스도와의 연합이란 진리를 통해서, 하늘에 앉게 해주는 진리의 결정판☆

1. 그리스도와의 연합이란 무엇인가
   에드워드 데넷/값 9,000원

2. 당신은 진짜 새로운 피조물인가
   존 넬슨 다비 외/값 12,000원

3. 그리스도와의 연합을 위한 원동력
   존 넬슨 다비의 성령론
   존 넬슨 다비/값 15,000원

4 그리스도와의 연합을 위한 성령의 역사
   윌리암 켈리/값 19,000원

5. 그리스도와의 연합을 위한
　　　　　사도 바울의 기도
　　존 넬슨 다비/값 10,000원

6. "그리스도와의 하나됨"을 통한
　　　　동일시의 진리란 무엇인가
　　클라이드 필킹턴 주니어/값 9,000원

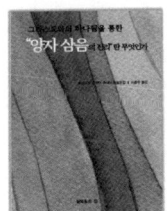

7. 그리스도와의 하나됨을 통한
　　　　"양자 삼음의 진리"란 무엇인가
　　클라이드 필킹턴 주니어/값 11,000원

8. 최고의 영광으로의 부르심
　　클라이드 필킹턴 주니어/값 9,000원

9 삼층천의 비밀
　　클라이드 필킹턴 주니어/값 17,000원

Originally published under the title of
"The Public Ruin of the Church, etc."
by John Nelson Darby
Copyright© Bible Truth Publishers
59 Industrial Road P.O. Box 649
Addison, IL 60101

Korean translation copyright
ⓒ 2011 by Brethren House, Korea
All rights reserved

존 넬슨 다비의
교회의 황폐화란 무엇인가

ⓒ형제들의 집 2011

초판 발행 • 2023.8.14
지은이 • 존 넬슨 다비
옮긴이 • 이 종 수
발행처 • 형제들의집
판권ⓒ형제들의집 2011
등록 제 7-313호(2006.2.6)
주소 • 서울시 도봉구 도봉로 150가길 23
Cell. 010-9317-9103
홈페이지 http://brethrenhouse.co.kr
E-mail: asharp@empas.com
ISBN 979-11-6914-042-3 03230

*값은 뒤표지에 있습니다.
*잘못된 책은 바꿔드립니다.
*서점공급처는 〈생명의말씀사〉입니다. 전화(02) 3159-7979(영업부)